大原千鶴の ととのえ レシピ

忙しい日も疲れた日も、ラクラクささっと

これからの自分のための「ととのえレシピ」

コロナが収束して色々な制限が解除され、世界情勢の変化で一気に円安が進み、ありとあらゆるものの物価が上がったこの一年。時代がうねり変化していくのを肌で感じます。世界中がそれぞれに激しく動き出して、コロナで抑えられていた旅行にも熱が入っています。円安の効果もあり、京都にも美食を求めて海外の方がたくさんいらしてくださいます。旺盛な消費に恩恵を受ける一方で、地元住民は以前のように行きたい店にふらっと行くことができなくなりました。行ったとしても人手不足だったり、時間制限があったり。仕方のないことなのですが、その忙しなさになんだか疲れます。年齢の

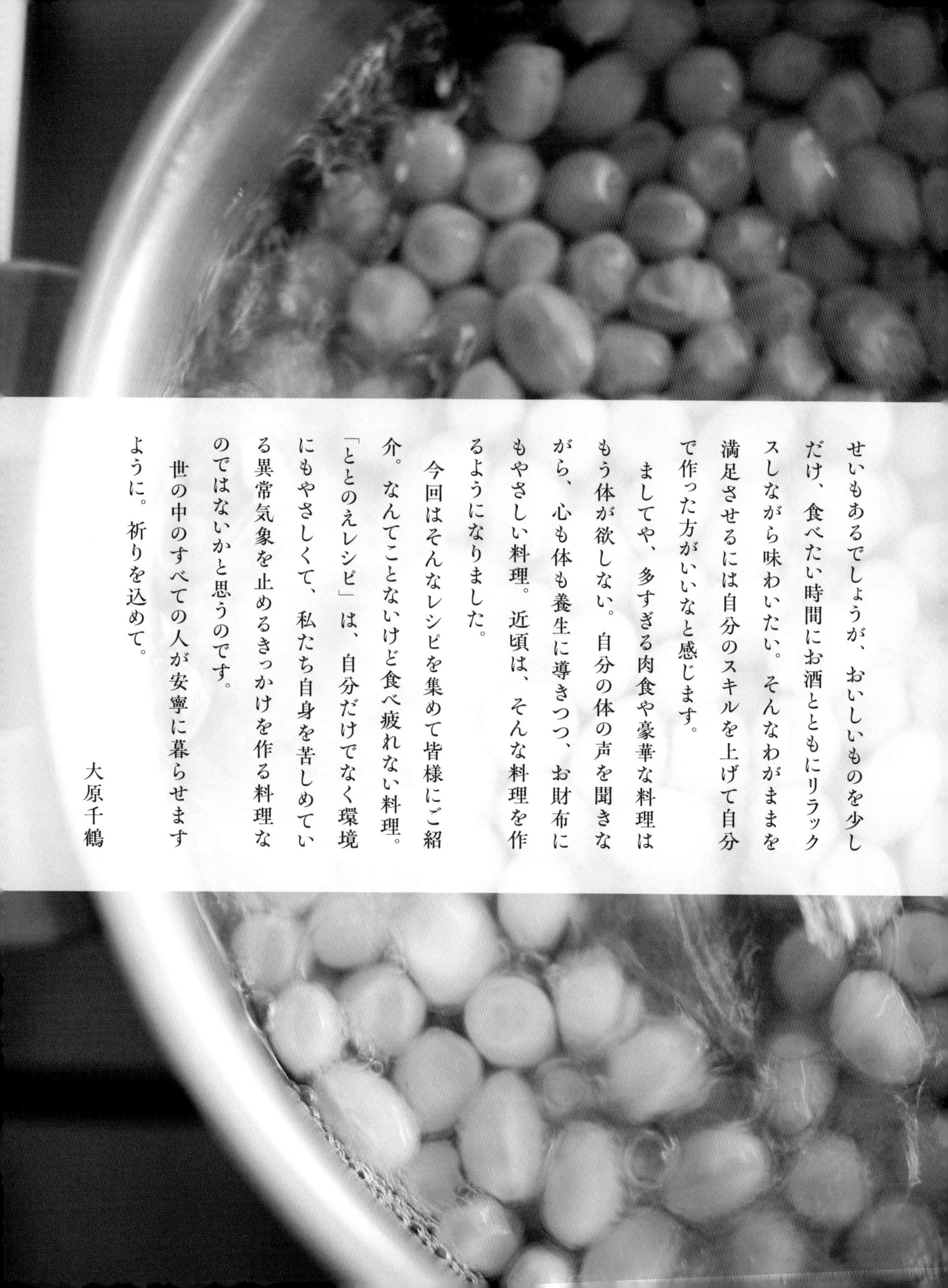

せいもあるでしょうが、おいしいものを少しだけ、食べたい時間にお酒とともにリラックスしながら味わいたい。そんなわがままを満足させるには自分のスキルを上げて自分で作った方がいいなと感じます。

　ましてや、多すぎる肉食や豪華な料理はもう体が欲しない。自分の体の声を聞きながら、心も体も養生に導きつつ、お財布にもやさしい料理。近頃は、そんな料理を作るようになりました。

　今回はそんなレシピを集めて皆様にご紹介。なんてことないけど食べ疲れない料理。「ととのえレシピ」は、自分だけでなく環境にもやさしくて、私たち自身を苦しめている異常気象を止めるきっかけを作る料理なのではないかと思うのです。

　世の中のすべての人が安寧に暮らせますように。祈りを込めて。

大原千鶴

目次

三、

野菜やごはんで軽やかに栄養を　42

四、

ほっとほぐれるみそ汁・スープ　62

八、

たんぱくチャージに!　ささっとおいしい肉・魚料理　112

・計量スプーンの大さじ1は15㎖、小さじ1は5㎖。
・特に記載のない場合、火加減は中火、だし汁は昆布と削り節の水だし（P24）です。
・料理の仕上げに添える・のせる野菜や薬味は作り方に記載し、
材料表の記載を省略しています。好みの野菜や薬味に替えても。
・青ねぎは九条ねぎ、白ねぎは長ねぎを使用しています。
・米油はなければ、太白のごま油やサラダ油でも。
・煮きりみりんは、耐熱容器にみりんを入れてラップをしないで、
沸騰するまで電子レンジにかけて作ります。
・溶きがらしは粉からしを水少々で溶いたものです。
・粉唐辛子は、韓国産の中びきを使用しています。
一味唐辛子で代用する場合は、量を減らして加減します。
・実山椒は、冷凍で1年間保存できるので、時季に作っておくと便利です。
作り方は、手袋をして枝から実をはずし、流水で洗い、ざるにあげる。
熱湯に塩少々を入れ、実山椒を7分ほどゆでる。冷水に1時間つけ、アクを抜く。
水気をしっかりととり、保存袋に入れる。自家製がなければ、市販の水煮でも。
・フライパンは、フッ素樹脂加工など表面加工のものを使っています。
・電子レンジは、600Wを使用しています。
・煮る時間、焼く時間は目安です。火の通りをみながら、加減してください。

一、私のととのえレシピ

サウナの流行とともに世に広がった「ととのう」という言葉。初めて聞いた時「あ～。みんなととのいたいんだなぁ」と思いました。現代人は疲れてるのね。色々なことに。痛いほどわかります。サウナかぁ。興味はありつつも、銭湯のサウナが関の山な私です。いつか大自然の中でサウナを満喫して湖に飛び込みたいなぁ。でも心臓止まったらどうしよう……。なんて空想をしています。

私は心がモヤモヤした時、体がちょっと疲れた時は、まず食で体をととのえます。それは料理を作るという行為も含めて。私にとってそれが一番大切なことだから。ただ、ととのう料理は多分、人それぞれあるのだと思います。育った環境や生活スタイルによっても食べるものは色々ですから。天ぷらをソースで食べるとか、カレーに生卵入れるとか、人の食卓って面白いです。小さい頃から食べ慣れていたもの、もしくは大人になってから好きだなぁと思ったもの。食べるとなんとなくホッとして心が休まる。そんな食べ物を思い出してみてください。皆様にとってはどんなお料理なんでしょう。みなさんの頭の中を覗かせていただきたいです。

私の場合は基本的におだしと野菜。何度食べても食べ飽きない。見るだけで嬉しくなる。なんてことない料理ですが、弱った私をいつも支えてくれる、これを食べたら「ととのう」という、私のレシピをご紹介します。

CHIZURU

京都の冬は本当に寒い。出張から帰って京都駅で電車を降りると「寒っ」と襟元をかき合わせてついつい小走りになります。やっぱり京都は寒いなぁ、と底冷えを実感。京都の冬の料理には「蕪《かぶら》蒸し」や「蒸し寿司」など熱々メニューがそろっているのにも納得です。京都の冬は勢いよく湯気の出る温かいものが好まれるのですね。北海道や長野は防寒対策がととのっていて冬でも家の中が暖かいですが、京都は夏が暑く、家の造りが暑さ対策に重きをおいているので、防寒対策が弱いのです。

なので、寒い日のお昼は鍋焼きうどんが一番のご馳走。この時ばかりはちょっと気合を入れて一人分の土鍋を使います。土鍋だと熱々が続くのですよ。寒い日以外に、風邪のひき始めにも鍋焼きうどんは力を発揮します。体が芯から温まるのはもちろん、一人分だと特別感があり、自分のために作ってもらった喜びがその湯気以上に心を温めてくれる。そんな料理だと思います。

材料（1人分）と作り方

ゆでうどん── 1玉
油揚げ── 20g
鶏もも肉── 60g
しいたけ── 1枚
かまぼこ── 2切れ
A だし汁── 500mℓ
うす口しょうゆ── 大さじ1
塩── 小さじ¼
卵── 1個
えび天（市販）── 1個
青ねぎ（1cm幅の斜め切り）── 1本

1　しいたけは石づきを切り落とす。油揚げは短冊切りにする。鶏肉は一口大のそぎ切りにする。

2　土鍋に**A**、うどん、かまぼこ、**1**を入れ、ふたをして中火にかける。沸いたら火を少し弱め、2分ほど鶏肉に火が通るまで煮る。卵を割り入れ、えび天をのせる。卵が好みの加減になったら青ねぎをのせ、しんなりとしたら、できあがり。

冷たいだしから煮るから、
鶏肉などの具のうまみが引き出され、
うどんの芯まで味がしみ込みます。

鍋焼きうどん

温まって元気を出したい時に。
熱々のおだしに、芯まで味がしみた
〝やわやわ〟うどんはたまりません。

何度も、本当に何度も作っています。自分のためにも人のためにも。材料を鍋に入れて火にかける。ただそれだけなのに、今まで作った人全員がそのおいしさに驚いてくれます。そのことがまた嬉しくて。

私は料理に手間をかけることを悪いとは思いませんが、必要がなければ、なるべく簡単な方がいいと思っています。心や体が疲れている時に、頑張る料理は作りたくないですよね。材料を放り込んで火にかけて30分ほど待てば、こんな幸せにありつける。その簡単さも自分をととのえるために必要な要素です。

こんなに疲れているのにまだ頑張れというのか。生きているとそんな風に感じることがよくあります。そんな時、どうぞ自分を緩めて許してあげてください。この鶏がゆ以外、何も作らなくていいです。残ったら、鍋のまま置いておいてまた温めて食べてもいいです。このレシピを知っているだけで心に余裕ができる。そんな料理です。

材料（2人分）と作り方

鶏もも肉── 1枚（250〜300g）

A｜米── ½カップ
｜にんにく── 1片
｜水── 800mℓ

塩── 小さじ½

1　鍋に鶏肉、Aを入れ、強火にかける。沸いたらアクをとり、ふたを少しずらしてのせ、常にふつふつするくらいの弱めの中火で20〜30分、米がやわらかくなるまで煮て火を止める。5分ほど蒸らしたら、塩で味をととのえる。

2　鶏肉を食べやすく切り、おかゆとともに器に盛り、あれば、黒七味をふる。

米は洗わずに煮て、滋味のある鶏スープをたっぷり含ませます。鶏肉は切らずに煮るとパサつかず、肉のうまみが残ります。

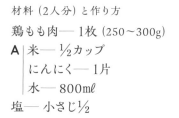

鶏がゆ

一口ごとに、体が癒され、
疲れがたまっていたことに気づく味。

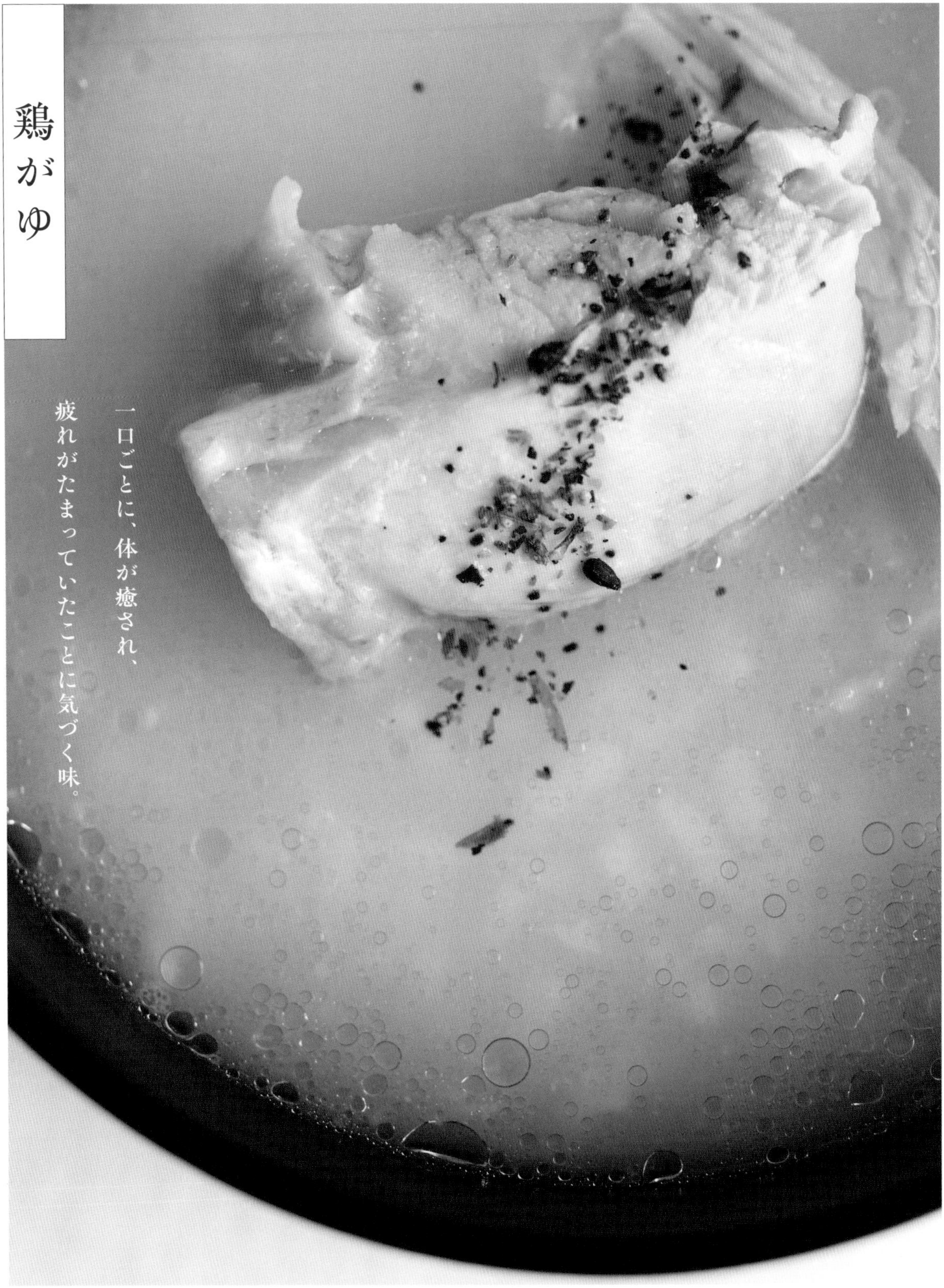

根菜が入った煮ものって体がととのいますよね。いつ食べても地味だけど嬉しい。でも、忙しいと、ついついはずしがちなメニュー。そこで、ちょっと煮ものをするには時間がないなぁって時に、私はこんな具だくさんの豚汁を作ります。

豚バラ肉の脂と根菜とおみそって本当に相性がいいんです。時間が許せば、わざと大きめに具材を切って満足感を出して。豚汁にしておくと、温めやすくて便利。煮ものを温めるのって、お鍋でもレンジでもちょっと焦げつきそうで心配ですが、こんな豚汁だと温めも簡単。みそ汁をグラグラ煮るのって？ と感じる方もあると思いますが、豚汁や魚のアラのおみそ汁は、グラグラ煮るのもおいしい。動物性の脂のおかげですね。煮えばな（煮立ち始め）のみそ汁とは違うおいしさにつれていってくれます。食べている途中で、ホコホコの甘いさつまいもがあるのが嬉しくて、ついつい、おいもを多めにしたりします。そうすると子どもたちも煮ものより、たくさん食べてくれる気がします。

材料（2〜3人分）と作り方

豚バラ薄切り肉— 40g

A
- 大根（乱切り）— 1/6本（正味200g）
- にんじん（1cm幅の輪切り）— 1/3本（正味60g）
- こんにゃく— 1/3枚（60g）

さつまいも（皮つきのまま乱切り）— 1/2本分（正味100g）

だし汁— 500mℓ

みそ— 40〜50g

ごま油— 小さじ1

青ねぎ（小口切り）— 少々

1 Aのこんにゃくは短冊切りにし、ボウルに砂糖小さじ1（分量外）とともに入れて手でもみ、2分ほどおいてから洗って水気をきる。豚肉は3cm幅に切る。

2 鍋にごま油を中火で熱し、豚肉とAを加えてざっと炒め、だし汁を入れる。煮立ったらアクをとり、ふたを少しずらしてのせて5〜6分煮る。

3 大根が煮えたら、さつまいもを加えてさらに5〜6分煮る。さつまいもがやわらかくなったら、みそを溶き入れ、1〜2分ことことと煮て火を止める。器によそい、青ねぎをのせ、好みで粉山椒をふる。

体をととのえるために
豚汁を作る時には、野菜はたっぷり。
大きく切って煮もの代わりのイメージで。

具だくさん豚汁

さつまいもの甘さで
次の一口がよりおいしくなる。

大根葉炒め

大根を葉まで使いきる気持ちよさ。
食感よく香りよし。

私が育った田舎では、大根は冬が来る前に漬物にしたり、干したり、畑に埋めて保存して、冬の間の大切な食料にしていました。収穫時に切り落とした葉っぱは、干して保存して煮干しやお揚げさんと炊いて、青菜の少ない冬の貴重な野菜となりました。おいしいのですが毎日続くと嫌になって、「あ〜また大根葉かぁ」と思っていました。

大人になって、大根葉はなかなか食べられないものになりました。そうすると今更ながらに食べたくなって、買った大根に少しついてくる葉をこんな風にして楽しんでいます。

材料（作りやすい分量）と作り方

大根葉（小口切り）── 80g
桜えび（乾物）── 大さじ1
ごま油── 小さじ2
しょうゆ、白いりごま── 各小さじ1

フライパンにごま油と桜えびを入れて中火で炒める。桜えびがチリッとしたら、大根葉を加えて炒め、しんなりしたら、しょうゆ、白ごまを加えてざっと混ぜ、火を止める。

トマトすりすり

すりおろすと生トマトとは別もの。
飲めば、体がととのう味。

これは私の大ヒット作。というか、これって料理？　と言われます。ただトマトをすりおろすだけ。それだけなのにジュースともスープとも違う。やけにおいしい。そして、これこそ「体ととのう」。夏の朝に一杯飲むだけで本当に元気になれるから不思議。たくさんの生徒さんが「先生、『トマトすりすり』作ってます！」と誇らしげに言ってくれます。料理ともいえないかもしれないけれど、これでいいの。こんなに多くの人をととのえてくれているのだから。

材料（作りやすい分量）と作り方

トマト適量をおろし器で皮ごとすりおろす。
器に盛り、好みの野菜や薬味をのせる。

トマトをすりおろす間に
自然に残ったヘタと皮は捨てます。

お揚げさんが好きです。最近では、肉よりもお揚げさんの方が体に合う感じ。毎日何らかの形でお料理に使っています。そんな中でもダントツ簡単で、一番人気がこれ。買ってきたお揚げさんを焼くだけ。なのですが、その満足感といったら……。本当に最高です。

少なくなったとはいえ、まだ京都の街なかにはお豆腐屋さんがあります。ウチの周りにも徒歩圏内で4軒のお豆腐屋さんがあり、わがままですけど、お豆腐はここ、おぼろ豆腐はここ、すし揚げはここ、油揚げはここ。と、自分の好みに合わせて買う場所を決めています。どのお豆腐屋さんとも、世間話をしながらお買い物。「寒なってきましたね～」とか「日が長うなりましたね～」とか。なんかいいでしょ。みんないい人ばっかり。お豆腐やお揚げさんって高いもんやないのに朝早くから働いて、一生懸命で。本当に頭が下がります。厚みがあって色よく仕上がったお揚げさんを見てると、感謝の気持ちで一杯になります。ほんま、お揚げさん好きです。

京都ではいろいろなお揚げさんが手に入ります。
形状が違うと味の印象が変わるので、
毎日でも楽しめます。

材料（2人分）と作り方

油揚げ── 1枚
おろししょうが、青ねぎ（小口切り）、削り節、
しょうゆ── 各適量

1　魚焼きグリル（またはフライパン）に油揚げを入れ、中火で表面がカサッとするまで焼く。ペーパーで表面の油を軽く押さえ、食べやすく切る。

2　温かいうちに器に盛り、しょうが、青ねぎをのせ、削り節をふり、しょうゆをかける。

焼き油揚げ

油揚げはじっくり火を入れ、焼きすぎない。
カリカリ、熱々、ふっくらじゅわっと。

こんにゃくの炊いたん

しみしみなのに、あっさり味。
食感はプリッと、箸がのびる一品。

「芝居こんにゃく芋蛸南京」って知ってはりますか？　女性の好きなもんらしいです。確かに……。私の場合は「芝居こんにゃく揚げ蛸シャンパン」かな？　笑笑。こんにゃくは毎日でも嬉しいもの。独特の食感と何だか頼りないような味が好きです。油で炒めたり、お肉と炊き合わせたりするのもおいしいですが、こうして油を入れず、だしと調味料だけでじっくり煮たこんにゃくは、歯ごたえがプリッとしてお箸がすすむ。体ととのう一皿です。

材料（2人分）と作り方

こんにゃく── 1枚（200g）
だし汁── 200mℓ
A　みりん── 大さじ1
　　うす口しょうゆ── 大さじ2

1　こんにゃくは縦半分に切って1cm幅のそぎ切りにする。ボウルに砂糖大さじ1（分量外）とともに入れて手でもみ、2分ほどおいてから洗い、水気をきる。

2　鍋にこんにゃく、だし汁を入れて中火にかけ、煮立ったら**A**を入れてふたをし、火を弱めてことことと20分以上煮る。器に盛り、あれば、溶きがらしを添える。

煮る時間が20分だから、
このおいしさになります。

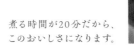

わかめの梅あえ

**わかめと相性のいい梅風味で
体をすっきりと。**

毎年春になると、おいしい鳴門の塩わかめが届きます。次男のお友達のお婆ちゃまが鳴門の方で、毎年たくさん送ってくださるんです。塩抜きしてお湯でさっと湯がいてすぐ水にとります。そうするとふんわりと広がって色も歯応えも抜群によくなるんです。この梅あえはお客さまにお出ししても大好評。こういうシンプルな食べ方が一番ですね。鳴門の海の力を感じます。うちの家ではこのわかめのことをお友達の苗字にあやかって「中岡わかめ」と呼んでいます。

材料（2人分）と作り方

わかめ（塩蔵）── 30g
梅干しの実（塩分約10％）
── ½個分
A | だし汁── 大さじ1
　| うす口しょうゆ── 小さじ1

1　わかめは塩を洗い流し、2分ほど水につけて塩抜きをする。梅干しを包丁で叩いてなめらかにする。

2　熱湯にわかめをくぐらせ、水にとって水気を絞り、4cm長さに切る。ボウルに入れ、**A**、**1**の梅干しを加えてあえる。

わかめはさっとゆでると色鮮やかになり、
香りよく、おいしくなります。

あんかけごはん

温めた冷やご飯でも
葛だしの満足感に癒される。

京都の人はあんかけが好き。私ももれなくそうです。どんな料理もあんかけにするとたちまちご馳走になると思っています。そんな中でも究極シンプルメニューがこれ。小腹がすいた時、ちょっと体が弱っている時、だしのうまみがからんだなめらかなご飯に心が癒されます。ここはあれば葛粉で。片栗粉にはない優しい味わいになります。心ほぐれるメニューです。

材料（2人分）と作り方

A
- だし汁── 200mℓ
- 葛粉── 15g
- うす口しょうゆ── 小さじ2

温かいご飯── 80g
わさび── 少々

1　小鍋に**A**を入れてへらで混ぜて葛粉を溶かし、中火にかける。絶えず混ぜて透明になってきたら、全体に火が通るようにさらによく混ぜ、なめらかなあんにする。

2　茶碗にご飯をよそい、**1**をたっぷりとかけ、わさびをのせる。

火にかける前に
葛粉をしっかり溶かすと
だまになりません。
徐々に温度を上げながら
火を入れてなめらかに。

豆乳花《トゥファ》

おやつもおいしくたんぱく質を。時短調理とは思えない本格味。

これは最近作るようになった癒しのデザート。歳をとるとこってりしたケーキやアイスはおいしいと思ってもなかなか手がのびません。日々、高校生の娘やその友達のスイーツ消費能力の凄さを目の当たりにして「私もこうだったなぁ」と遠い目をしています。変わって今は、こんなヘルシーな簡単お菓子に魅力を感じます。ほんと体は正直だなぁ。

材料（2〜3人分）と作り方

豆乳（無調整）— 200mℓ

A
- 砂糖— 大さじ2
- 粉ゼラチン— 3g

黒みつ（作りやすい分量）
- 黒砂糖（粉末）— 50g
- 水— 50mℓ

B〈混ぜておく〉
- きなこ— 大さじ1
- 砂糖— 小さじ1
- 塩— 少々

1　耐熱容器に豆乳100mℓを入れ、ラップはせずに電子レンジに1分かけて温める*1。**A**を加えて泡立て器でよく混ぜてゼラチンを溶かす。残りの豆乳100mℓを加えて混ぜ、冷めるまでおき、冷蔵庫で冷やしかためる。

2　小鍋に黒みつの材料を入れて弱火にかけて、沸き始めたらアクをとり、少し煮つめて火を止める*2。

3　**1**をスプーンですくって器に盛り、**B**、**2**を各適量かける。

豆乳は温めた半量でゼラチンを溶かしてから、残りの豆乳を混ぜると、冷めるまでがぐんと時短に。

*1 豆乳は沸騰させてしまうと膜（湯葉）ができるので、80℃ぐらいに。
*2 冷めると自然ととろみがついて固くなるので煮つめすぎない。黒みつは市販品でもよい。

二、だしで癒されおかず

暑い夏の盛りを除いて、うちのコンロには、一年中なにかしら、だしで炊いたおかずの入った鍋がのっています。有りものの材料を放り込んで、だしと調味料（たいてい、うす口しょうゆ）を入れて煮るだけ。

季節によって中身は色々。普段は野菜1種＋たんぱく質1種かなぁ。材料の種類を増やさない分、気軽に作れます。家のことだから、見たことない組み合わせ、名前のつかない料理もたくさん。それでいいのです。気負いがないことも家庭料理の大切な味わいだと私は思っています。そんな料理であっても、いつ帰ってくるかわからない家族のため、いつでも鍋のふたを開けたら、何かが炊いてある状況をなるべく途切らさないようにしています。

急いでいる子どもたちにはこれが一番のスピードメニュー。温めて（何ならそのまま）よそって食べるだけ。そんな「炊いたん」がある安心感。家族も、私もそう思ってます。お腹に合わせて、食べたい分だけ食べる。そうすると食べ疲れせず、自然に野菜もとれます。

だしのおかずは何度食べても飽きないのが不思議です。だしと言っても和風だけでなく、洋風も中華風もありです。夏場は冷やしておひたしに。だしのうまみを生かした料理は、満足感が高いのにカロリーは控えめであることが多いです。うちの子どもたちは半ばだし中毒（笑）。

でも、そのおかげであまりジャンクなものを食べません。地味な食べ物のおいしさを知っていることは、ある意味、健康財産を残すようなものだなと思っています。

じゃがいもも鶏もだしによう合います。はじめから一緒に炊いてもいいのですが、鶏肉を別に焼いてから加えるとスカスカの出し殻にならず、おいしくいただけます。

ホクホクのじゃがいもと、うまみたっぷりの鶏肉。鶏肉はかつお昆布だしと相性がよく、だしの味に深みが出ます。また鶏肉を焼かずに入れて煮る時には、鶏肉の匂いが気になるので、ちょっと上等のものを使ってもらう方がよいです。鶏肉は鮮度も大切なので、そこも覚えておいてください。買ってきたらなるべく早く使いましょう。一方、じゃがいもは寒いところで育つ野菜なので、野菜室に保存。何日か置いておくと寒さで甘みが増します。材料の性質を知るのもおいしい料理には欠かせませんから、育った環境に思いを馳せてもらうと、保存や使い方のイメージがつきやすいかなと思います。

だしを含んだじゃがいもの煮える香りは家庭料理の原点。とろりと煮崩れたおいものおいしさを味わってくださいね。

材料（2～3人分）と作り方

じゃがいも（大きめの一口大に切る）
── 2～3個（正味300g）
鶏もも肉── 1枚（250～300g）
白ねぎ（2cm幅の斜め切り）── 1～2本（正味100g）
塩、こしょう── 各少々
片栗粉── 大さじ1
太白ごま油── 小さじ2
だし汁── 200mℓ
うす口しょうゆ── 大さじ1

1　鶏肉は一口大のそぎ切りにして塩、こしょうをまぶし、焼く直前に片栗粉を薄くまぶす。

2　鍋にじゃがいも、だし汁を入れて中火にかけ、ふたをする。沸いてきたら、火を少し弱めて煮る。

3　フライパンに太白ごま油を中火で熱し、**1**を入れて途中上下を返して焼き、鶏肉に火が通ったら取り出す。フライパンに白ねぎを入れて残った鶏肉の脂でさっと焼く。

4　**2**のじゃがいもがふっくらと煮えたら、うす口しょうゆを入れ、**3**の鶏肉と白ねぎをのせて再びふたをし、時々混ぜながら2～3分煮る。器に盛り、あれば、粉唐辛子をふる。

水だし

体がほっと休まる味に。
沸かして冷ます手間がない
いつも作りおいている便利だし。

材料（作りやすい分量）と作り方

水── 1ℓ
昆布── 5g
削り節（かつお・さばなどの混合）
── 10g

冷水ポットに水、昆布、だしパックに入れた削り節を入れ、冷蔵庫で3時間以上おく。
*冷蔵で冬は3日、夏は2日保存可。

鶏じゃが

ほろりとしたじゃがいもに
鶏のうまみがしみわたる。

小松菜は青菜の中でもアクが少なく下ゆでの必要がないので、比較的食べやすい野菜です。ただ、味がのりにくいので、炒めたり煮たりする時に、つい長く加熱しすぎて筋っぽくなり、おいしさを逃してしまうことの多い野菜でもあります。

ねぎや白菜のようにクッタリと煮ておいしい野菜と、小松菜や水菜のようにさっと調理した方がおいしい野菜というのがあります。それを白菜のようにくたくたにしてから食べることを狙うのはやめましょう（笑）。

さっと炊く野菜は、さっと炊くからこそフレッシュな味わいが楽しめるもの。味がのりにくい分は、少し調味料を濃いめにして味を補っています。片栗粉を使ってほんのりとろみを出すのも有効なやり方ね。理屈がわかれば料理の道筋が見えてきませんか？

難しく考えることはないのです。材料の性質を知る。それに限ります。

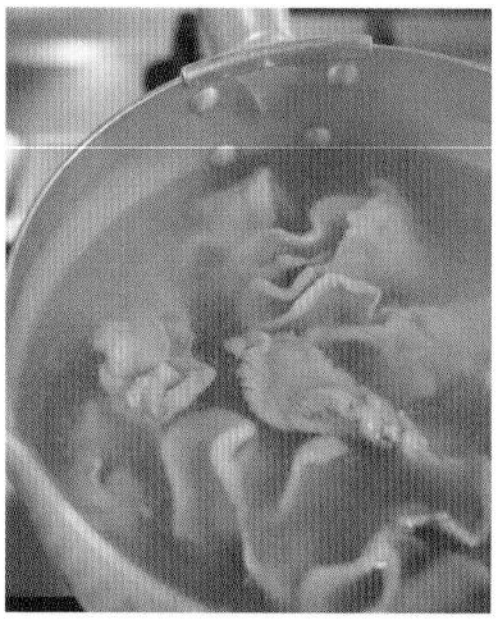

豚薄切り肉は薄く片栗粉をまぶすとパサつかず、やわらかく煮えます。

材料（2人分）と作り方

小松菜── $\frac{1}{2}$束（150g）
豚肩ロース薄切り肉── 200g
片栗粉── 大さじ1
A｜だし汁── 150mℓ
　｜うす口しょうゆ── 大さじ1

1　小松菜は7cmほどの長さに切り、軸と葉にわける。豚肉は片栗粉をまぶし、熱湯でさっとゆでてざるにあげて水気をきる。

2　深めのフライパンにAを入れて中火にかけ、沸いたら、豚肉、小松菜の軸を入れる。軸に透明感が出てきたら小松菜の葉も加えてさっと煮る。器に盛り、好みですだちを搾っても。

小松菜は軸を煮てから葉を煮ます。小松菜の代わりに水菜や春菊でも。

豚肉と小松菜のさっと煮

だしでお肉をあっさり。
青菜をたっぷり合わせて。

かぶと厚揚げのさっと煮

なんてことない温かい料理に
体がほっと休まります。

材料（2人分）と作り方

かぶ— 1～2個（正味200g）
絹厚揚げ— 1個（130g）
だし汁— 200mℓ
うす口しょうゆ— 大さじ1

1　かぶは皮を厚めにむいて大きめの一口大に切る。厚揚げを一口大に切る。

2　鍋にかぶ、だし汁を入れて中火にかけ、ふたを少しずらしてのせ、沸いてきたら火を少し弱めて煮る。竹串がスッと通ったら、厚揚げ、うす口しょうゆを入れてふたをしてことことと2～3分煮る。あれば、かぶの葉（小口切り）を火を止める1分前に入れて煮る。

＊煮るとうまみが出る厚揚げは、淡泊な肉・魚の代わりになるので、野菜との煮ものに重宝します。

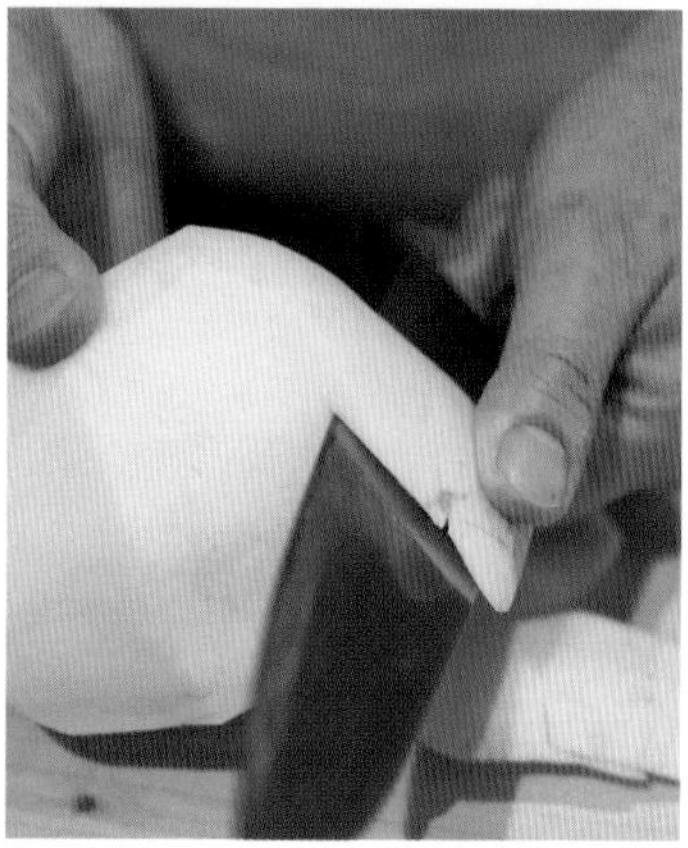

大きくて筋ばっている時は、
皮を厚くむくと
なめらかに煮えます。

牛すじと白ねぎ煮

脂を除くとすじはあっさり。
肉のうまみがつまった味が楽しめます。

材料（2〜3人分）と作り方

牛すじ肉── 200〜250g
白ねぎ── 2〜3本（正味200g）
だし汁── 500mℓ
塩── 小さじ1/4

1　鍋に熱湯を沸かし、牛すじ肉をさっとゆでてざるにあげ、アクを洗い流して水気をきる。余分な脂とかたすぎる筋を除きながら食べやすく切る。白ねぎは鍋に入る長さに切る。

2　鍋をさっと洗ってきれいにして牛すじ、だし汁を入れ、ふたを少しずらしてのせ、中火にかける。沸いたらアクをとり、弱火にして牛すじがすっかりやわらかくなるまで1時間ほど煮る。

3　白ねぎを加えてやわらかくなるまで15分ほど煮たら、塩で味をととのえる。器に盛り、あれば、七味唐辛子をふる。

＊牛すじはまとめて下ゆでしておくと、展開しやすくなり便利。
青ねぎ、こんにゃく、じゃがいもと炊いたり、カレー粉を入れて煮ても。

牛すじはかたいところと脂を除くと、
あっさりと食べられます。

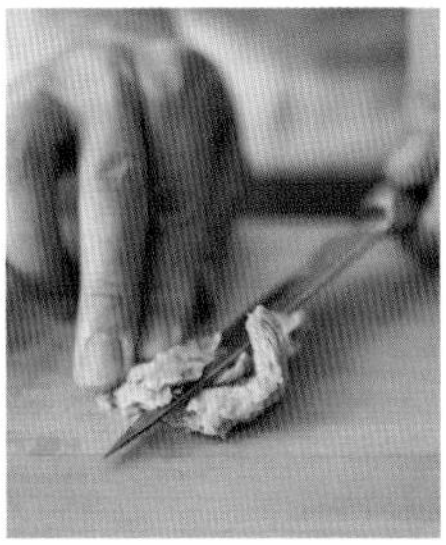

幼い頃、山の中で育った私のお正月料理は、お雑煮におせちにすき焼き、そしてぶりの刺身でした。年末に大きなぶりを1匹買い求め、雪の中に埋めて保存（チルドですね）。お正月にはたっぷりの大根おろしと柚子果汁で脂ののったぶりのお刺身をいただき、その後の身は、幽庵焼きや塩焼きに。残ったアラは骨正月と言われる1月20日頃にトロトロのぶり大根となります。ぶりの脂と大根を甘辛く煮たこのぶり大根がおいしくておいしくて。残った煮凝《にこご》りまで残さずご飯にかけて食べていました。おいしかったなぁ。

今はぶりのアラも手に入りにくいので、今回はカマで代用。大根もレンチンで下ゆで代わり。作り方も味つけも料理は時代とともに変わる。それもまた文化なり。といつも思っています。最近では、北海道でぶりが豊漁だそうな。関西のぶり文化が北海道の方にも広がって、また違う料理が生まれるといいな。温暖化で獲れる魚種がどんどん変化しているからこそ、環境も魚種も問わず、いろいろな魚のおいしい食べ方を知ってもらいたいし、知りたいなと思います。

材料（3～4人分）と作り方

ぶり（カマ）── 360g
塩── 小さじ1
大根── 1/2本（正味500g）
A
- だし汁── 400mℓ
- 砂糖、酒── 各大さじ1
- しょうゆ── 大さじ2

1 ぶり全体に塩をまぶし、冷蔵庫で10分以上おく。

2 大根は3cm幅の輪切りにして皮をむき、耐熱容器に入れる。水大さじ1～2をふり、ふんわりとラップをして電子レンジに8分ほど、竹串がスッと通るまでかけ、さっと洗って水気をきる。

3 熱湯を沸かして1を入れ、表面が白くなるまでゆで、ざるにあげて水気をきる。

4 鍋に2、3、Aを入れて中火にかけ、沸いたら落としぶたをして火を少し弱め、10～15分煮る。煮汁が少なくなったら落としぶたをはずし、全体をざっと混ぜて少し汁気をとばす。器に盛り、あれば、細ねぎ（小口切り）をちらし、柚子の皮をあしらう。

大根は煮る前に電子レンジにかけるとぐっと時短に。

ぶり大根

捨ててしまいがちな部位を
おいしく食べ切るのがいい気分。
骨から出るだしでぶりがよりおいしく。

牛トマレタス

しんなりしつつ食感が残る
温かいレタスがクセになる。

材料（2人分）と作り方

牛薄切り肉（しゃぶしゃぶ用）── 200g

A｜おろしにんにく、塩、こしょう── 各少々

酒── 大さじ2

レタス── 1〜2枚（約60g）

B｜だし汁、トマトジュース（無塩）── 各100mℓ
　｜しょうゆ── 大さじ½

1　牛肉は**A**をまぶして手で軽くもむ。

2　フライパンに酒を入れて中火にかけ、沸いたら**1**を広げながら入れ、箸で上下を返しながら炒り、色が変わったら、取り出す。

3　**2**のフライパンをさっと洗ってきれいにし、**B**を入れて中火にかける。沸いたら牛肉を入れ、レタスを食べやすい大きさに手でちぎりながら入れ、さっと煮てすぐに火を止める。器に盛り、あれば、つぶした黒こしょうをふる。

牛肉は酒炒りすると、
肉の甘み、うまみが
ふくらみます。

冬瓜鶏だんご

冬瓜を煮るなら、
鶏とかつおのうまみを
しっかり含ませて。

材料（2〜3人分）と作り方

冬瓜── 500g（正味400g）

A
- だし汁── 400mℓ
- うす口しょうゆ── 大さじ1½
- 塩── 小さじ¼

B
- 鶏ひき肉（もも）── 200g
- 玉ねぎ（みじん切り）── 20g
- しょうが（みじん切り）、片栗粉── 各小さじ1
- 塩── 小さじ¼

1　冬瓜はワタと種を除いて皮を厚めにむき、一口大に切る。耐熱容器に入れて水大さじ1をふり、ふんわりとラップをして電子レンジに7分かける。さっと洗ってたっぷりの水に5分ほどさらす。鍋に水気をきった冬瓜、**A**を入れて中火にかける。沸いたら火を少し弱めて10分ほど煮る。

2　**B**をボウルに入れてよく練る。

3　**1**の鍋を中火にして煮立て、**2**をスプーンで形を整えながら落とし入れ、鶏だんごに火が通るまで煮る。器に盛り、好みでおろししょうがをあしらう。

冬瓜は皮を厚くむいてやわらかく煮て、味をたっぷり含ませます。

白菜ミルクスープ

だしがベースで味わい深い。
白菜がおいしい冬にぜひ。

材料（2人分）と作り方

白菜── 小$\frac{1}{2}$玉（600g）
ベーコン（かたまり）── 120g
だし汁── 500mℓ
塩── 小さじ$\frac{1}{4}$〜$\frac{1}{2}$
A | 牛乳── 100mℓ
　 | 片栗粉── 大さじ1

1　白菜は縦半分に切る。ベーコンは7㎜幅に切る。

2　鍋に白菜、だし汁を入れて中火にかけ、ふたをする。沸いてきたら火を少し弱め、白菜がやわらかくなるまでことことと煮る。

3　ベーコンをのせ、5分ほど煮る。混ぜ溶いた**A**を加えて弱火にし、混ぜながらとろみをつける。味をみて塩で味をととのえ、火を止める。

4　器に盛り、あればハーブ（ドライタイムなど）をあしらっても。

＊白菜は、根元から縦に切り込みを10㎝ほど入れ、左右に開くように手で割ると葉がちらずにきれいに縦半分になります。

だしのうまみを生かして
生クリームを使わず、
軽やかなミルク味に。

なすのとろっとごま煮

とろりと煮えたなすとごまは、
このうえない組み合わせ。

材料（4〜6人分）と作り方

なす── 4〜5本（500g）
ごま油── 大さじ2
A だし汁── 100mℓ
砂糖── 大さじ1
うす口しょうゆ── 大さじ2
黒すりごま── 大さじ3

1　なすはピーラーで皮をむき、縦半分に切って2cm幅に切り、水に5分ほどつける。

2　フライパンにごま油を中火で熱し、水気をふいた**1**を並べ、ふたをして焼く。こんがりと焼けたら、上下を返して再びふたをして焼く。上下を返した時、なすが油を吸って足りないようであれば、ごま油を大さじ1ほど（分量外）足す。

3　なすがしんなりと焼けたら、**A**を加えて再びふたをし、さらに3〜4分煮る。煮汁が半分くらいになったら火を止め、黒ごまを加えてざっと混ぜて全体にからめ、そのまま冷ます。器に盛り、あれば、青じそをあしらう。

＊煮たなすは冷まして味を含ませます。
できればひと晩おいて。

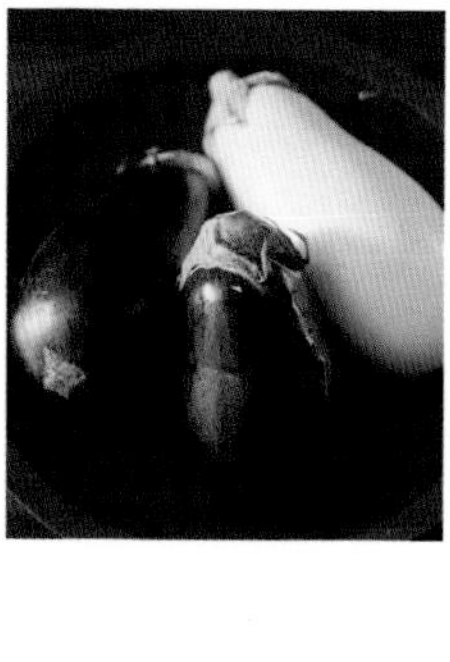

この料理には身がやわらかい
青（緑）なす、白なす、
山科なすがおすすめ。

玉ねぎの炊いたん

切らずに煮るからこの満足感。
ほんのり梅の風味。

長芋の炊いたん

滋養のある長芋は煮るにも時短。
ほっくり、しみじみだし風味。

冷蔵で3〜4日保存可

玉ねぎの炊いたん

材料（4人分）と作り方

玉ねぎ（小）── 4個（400〜450g）

A
- だし汁── 400mℓ
- 酒、うす口しょうゆ── 各小さじ2
- 梅干し（塩分約10%）の種── 1個

1　玉ねぎは皮をむき、耐熱容器に入れてふんわりとラップをし、電子レンジに7分ほどかける。

2　小鍋に玉ねぎを汁ごと入れて、**A**を入れて中火にかける。沸いたらアクをとり、ふたを少しずらしてのせ、弱火で玉ねぎがすっかりやわらかくなるまでことことと20分ほど煮る。火を止め、そのまま冷ます。器に盛り、あれば、つぶした黒こしょうをふる。

長芋の炊いたん

材料（2人分）と作り方

長芋── 250g

だし汁── 300mℓ

酒── 小さじ1

うす口しょうゆ── 大さじ½

1　長芋は皮を厚くむいて（左下参照）大きめの一口大に切る。

2　小鍋に長芋、だし汁を入れて中火にかける。沸いたらアクをとり、酒、うす口しょうゆを入れてふたをし、火を少し弱めて竹串がスッと通るまでことことと煮る。火を止め、そのまま冷ます。器に盛り、あれば、青柚子の皮（すりおろす）をふる。

長芋の皮のから揚げ

材料（作りやすい分量）と作り方

1　長芋の皮にうす口しょうゆ、おろしにんにく（各少々）をまぶして手で軽くもみ、片栗粉（大さじ1）をまぶして手でもんでねっとりとしたら、さらに片栗粉（大さじ1）をまぶす。

2　フライパンに1cmほどの高さまで米油（適量）を入れて中火で温め、**1**を入れ、時々混ぜながら、カラッと揚げる。仕上げに塩（少々）をふる。

長芋を縦に立てて
皮を分厚くむくと
白い色がきれいに引き立ち、
から揚げにもほどよい厚さに。

オクラとトマトのおひたし

見るだけでも元気になりそうな
鮮やかな自然の色の組み合わせ。

つるむらさきのおひたし

ぬめりの元は元気成分。
おひたしとの相性も抜群。

材料（2人分）と作り方

オクラ— 小1袋（100g）
ミニトマト— 8個
だし汁— 150mℓ
うす口しょうゆ— 小さじ2

1　オクラはさっと洗って塩少々（分量外）をまぶしてもみ、洗ってガクをむく。

2　鍋に熱湯を沸かし、ミニトマトを10秒ほどゆでて冷水にとり、皮をむく。 同じ湯でオクラをゆでてざるにあげ、水気をきる。

3　保存容器にだし汁、うす口しょうゆを入れてひと混ぜし、**2**を入れてひたし、冷めたら冷蔵庫でひと晩おく。

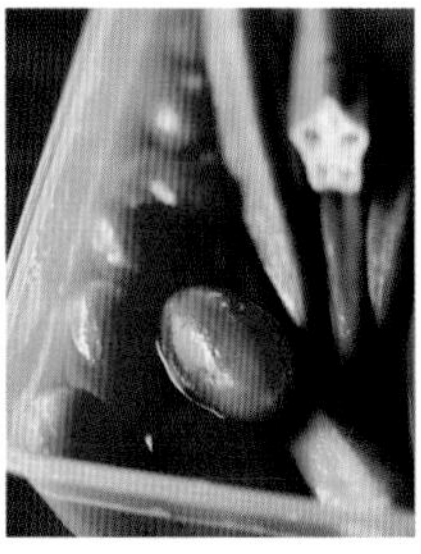

ミニトマトは皮をむくと
味が入りやすくなります。

冷蔵で3～4日保存可

きのこの焼きびたし

ローカロリーの
きのこを焼いて、だし、
柑橘を重ねて香りよく。

材料（2人分）と作り方

ひらたけ── 1袋（120g）
塩── 少々
A｜だし汁── 100mℓ
　｜うす口しょうゆ── 大さじ1
　｜柚子果汁── 大さじ½

1　ひらたけは手で2〜3等分に割り、アルミホイルにのせて塩をふり、魚焼きグリルでしんなりとするまで焼く。

2　保存容器に**A**を入れてひと混ぜし、ひらたけが熱いうちに入れてひたす。冷めるまでそのままおく。器に盛り、あれば柚子をあしらう。

きのこは塩をふって
焼いて水分を出すと、
味がぼやけず、香りよく。

材料（2人分）と作り方

つるむらさき── 1束（200g）
だし汁── 150mℓ
うす口しょうゆ── 小さじ2

1　つるむらさきは葉と軸にわける。軸はかたい部分を切り落とし、食べやすい長さに切る。鍋に熱湯を沸かして軸を入れ、1分ほどゆでて水にとる。同じ湯で葉もさっとゆでて水にとる。ともに水気をギュッと絞る。

2　保存容器にだし汁、うす口しょうゆを入れてひと混ぜし、**1**を入れてひたし、冷蔵庫でひと晩おく。器に盛り、好みで溶きがらしを添えても。

ゆで時間が異なる
軸と葉はわけておきます。

コリンキーの浅漬け風おひたし

コリンキーは火を入れずに
食感を生かすのがおすすめ。

きゅうりの浅漬け風おひたし

ほんのり酸味をきかせて
パリッと食感よく。

コリンキーの浅漬け風おひたし

冷蔵で3～4日保存可

材料（作りやすい分量）と作り方

コリンキー── 300g（正味200g）

A
- だし汁── 100mℓ
- 米酢── 大さじ1
- うす口しょうゆ── 大さじ2
- 砂糖── 小さじ1
- 塩── 小さじ¼

1　コリンキーは皮を厚くむいてワタをとり、5㎜厚さの薄切りにする。

2　保存容器に**A**を入れて混ぜ、**1**を入れてひたし、冷蔵庫で30分以上おく。

皮の際に少し苦みがあるので厚くむき、実は薄切りにして味をなじませます。

きゅうりの浅漬け風おひたし

材料（作りやすい分量）と作り方

きゅうり── 3本（正味300g）

みょうが── 3本（40g）

塩── 小さじ1

A
- だし汁── 100mℓ
- 米酢── 大さじ1½
- うす口しょうゆ── 大さじ½
- 砂糖── 小さじ1

1　きゅうりは皮をピーラーでむいてヘタを切り落とし、縦半分に切ってスプーンで種をこそげ取り、3㎝長さに切る。みょうがは小口切りにする。

2　**1**をボウルに入れて塩をまぶし、10分ほどおいて、出た水気を絞る。

3　保存容器に**A**を入れて混ぜ、**2**を入れてひたし、冷蔵庫で30分以上おく。

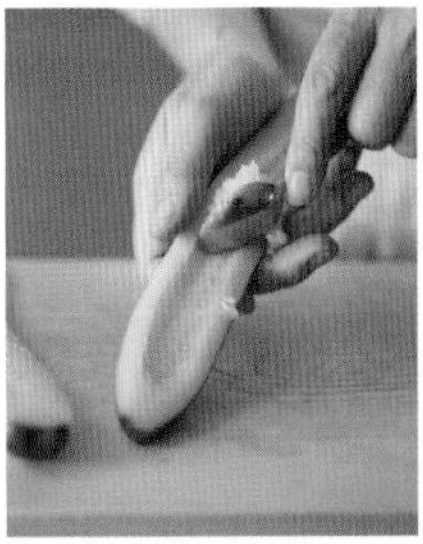

水っぽくならないよう、種は除きます。

二、

野菜やごはんで軽やかに栄養を

歳をとると「たんぱく質」をとるようにと口酸っぱく言われますが、なんのなんの。そらやっぱり野菜とご飯やろ。と思てます。ご飯にもたんぱく質ありますからね。とはいえ、ご飯は糖質オフ流行で、消費が減っているようですね。確かに、運動量が減ると糖質としてのカロリーオーバーがすぎるのもどうかと考えますが、元気に動くためには、ご飯を食べないとやっぱり体がととのいません。

普段から家のお昼などは残りご飯と残り野菜のおかずが主流。それがまたおいしい上に、何だか体の調子がいいのです。麺類などですますより、野菜おかずもちゃんと食べることが大事。ちゃんとご飯を食べてちゃんと動く。なるべく階段を使う。なるべく歩く。景気がよい状態というのは、お金の循環がそこそこ早いということだそうで、私たちの体も調子よく景気よくととのえるために、ある程度、景気のいいエネルギーの循環が必要です。

その元気の元はやっぱりご飯と野菜。世界の食糧事情が取り沙汰されている昨今。食料自給率の低い日本が保てているのはお米と生鮮野菜くらいのものです。それでも肥料や燃料は海外頼み。ここらで食べ方含め、これからの食糧について本気で考えないといけない。ギリギリの瀬戸際まで来ていると私は強い危機感を持っています。

ナムル4種

野菜1種で、かんたんにおいしく作れます。
作りおきもきく、疲れた時のお助け野菜おかず。

冷蔵で3日保存可

チンゲン菜ナムル

チンゲン菜は、ゆでたてに調味料をからめると、味がよくしみ込みます。

材料（2人分）と作り方

チンゲン菜── 2株（260g）

A
- オイスターソース、白いりごま── 各大さじ1
- うす口しょうゆ── 大さじ½
- 鶏ガラスープ（顆粒）、ごま油── 各小さじ1
- おろしにんにく、こしょう── 各少々

1　チンゲン菜は葉と軸に切り分け、軸は8〜12等分に切る。

2　ボウルに**A**を入れて混ぜる。

3　鍋に熱湯を沸かし、ごま油少々（分量外）を入れ、軸をゆでる。しんなりとしたら水気を軽くきり、**2**に入れてざっと混ぜる。葉をさっとゆでて水気をきりながら、同じボウルに加えて混ぜ、粗熱をとる。

ゆで湯にごま油を入れると、青菜が色鮮やかになります。

もやしナムル

レンジ蒸しなら、ゆでるより
水っぽくなりません。

なすナムル

薄切りにすると
なすがとろりと軽やかに。

材料（2〜3人分）と作り方

もやし── 1袋（200g）

A
- 塩── 小さじ1/4
- 鶏ガラスープ（顆粒）── 小さじ1
- 白いりごま、ごま油── 各大さじ1
- おろしにんにく── 少々

もやしはさっと洗い、水気をきって耐熱ボウルに入れる。ふんわりとラップをして電子レンジに3分30秒かけ、出てきた水分を捨て、熱いうちにAを順に加えてよく混ぜる。

もやしは熱いうちに
調味料とあえ、しっかり味を
なじませます。

にんじんナムル

にんじんは細めの
せん切りで
甘みを堪能。

材料（2人分）と作り方

にんじん── ½〜1本（正味100g）
ごま油── 小さじ2
うす口しょうゆ、白いりごま── 各小さじ1

1　にんじんは皮をむいてスライサーでせん切りにする。

2　フライパンにごま油を中火で熱し、にんじんを炒め、しんなりしたらうす口しょうゆを加えて炒め、白ごまを加え、ざっと混ぜて火を止める。

スライサーで
せん切りもラクに手早く。
余熱で火が入りやすいので
炒めすぎない。

材料（2〜3人分）と作り方

なす── 3〜4本（400g）
ごま油── 大さじ1
A｜うす口しょうゆ、白すりごま── 各大さじ2
　｜おろしにんにく── 少々
米酢── 小さじ1

1　なすはヘタを落とし、縦半分に切って5㎜幅の斜め切りにし、水に5分ほどさらしてざるにあげて水気をきる。

2　フライパンにごま油を中火で熱し、なすを入れて炒める。しんなりとしてきたら**A**を加えて全体にからめ、火を止めて米酢を加え、ざっと混ぜる。

酢を入れると味が締まり、
色よく仕上がります。

ピビンパ

ご飯を混ぜる時には、ごま油ひと回しと塩ひとつまみをかけるとよりおいしく。

ピビ（混ぜる）パッ（ご飯）。小さなお子さんって野菜が苦手な子も多いですよね。うちの子もほうれん草のおひたしはあまり好みませんでしたが、ナムルにするとパクパクと食べてくれました。小さい子は野菜のアクや苦みに敏感。そんな野菜も香りのよいごま油を多めに使って料理すると苦みやアクをまるっとコーティングしてくれて一気に食べやすくなります。大人だって山菜は天ぷらが一番と思ってますもんね（笑）。
ナムルにした野菜を温かいご飯に混ぜると食がすすむこと、すすむこと。よくそうやって子どもに野菜を食べさせていました。だから私は、ピビンパはお母さんの愛情料理だなぁと思うんです。

材料（2人分）と作り方

温かいご飯、チンゲン菜ナムル（p45参照）、にんじんナムル（p47参照）、コチュジャン、大根甘酢（左）、鶏そぼろ（左）── 各適量
ゆで卵（常温に戻した卵を熱湯で7分ゆでて殻をむいたもの）── 1個

器にご飯を盛り、大根甘酢、鶏そぼろ、チンゲン菜ナムル、にんじんナムル、半分に切ったゆで卵をのせ、コチュジャンを添える。混ぜながらいただく。

大根甘酢

材料（作りやすい分量）と作り方

大根（細切り）── 正味100g
塩── 小さじ1/4
A 〈混ぜ合わせる〉
　米酢、砂糖── 各小さじ2
　塩── 小さじ1/8
粉唐辛子── 少々

大根は塩をまぶして10分以上おき、出てきた水気をギュッと絞る。**A**をからめ、粉唐辛子を加えて混ぜる。

冷蔵で3日保存可

鶏そぼろ

材料（作りやすい分量）と作り方

A 鶏ひき肉（もも）── 200g
　酒── 大さじ1
　しょうが（みじん切り）、にんにく（みじん切り）── 各小さじ1/2
砂糖、しょうゆ── 各大さじ1/2

フライパンに**A**を入れてへらで練り混ぜ、鶏肉に酒を吸わせてから中火で炒める。鶏肉に火が通ったら、砂糖、しょうゆを加えて味をととのえ、煮汁がほぼなくなるまで煮つめて火を止める。

冷蔵で3日保存可

なすのなべしぎ

なすはしっかり揚げる。
それがおいしさの決め手。

材料（2人分）と作り方

なす── 2～3本（300g）
ピーマン── 1～2個
米油── 適量
A｜白すりごま、みそ、みりん── 各大さじ2
　｜砂糖── 大さじ1
　｜しょうが（薄切り）── 15g

1　なすは一口大の乱切りにし、水に2分ほどさらして水気をふく。ピーマンは1cm幅の輪切りにし、種をとる。

2　鍋に米油を中火で170℃に熱し、なすを入れ、時々上下を返しながら3分ほどじっくりと揚げる。表面がうっすらきつね色になったら、取り出して油をきる。続けてピーマンも素揚げして油をきる。

3　フライパンに**A**を入れて混ぜて中火にかけ、**2**を入れ、調味料が全体にとろりとからむまで炒め煮にする。

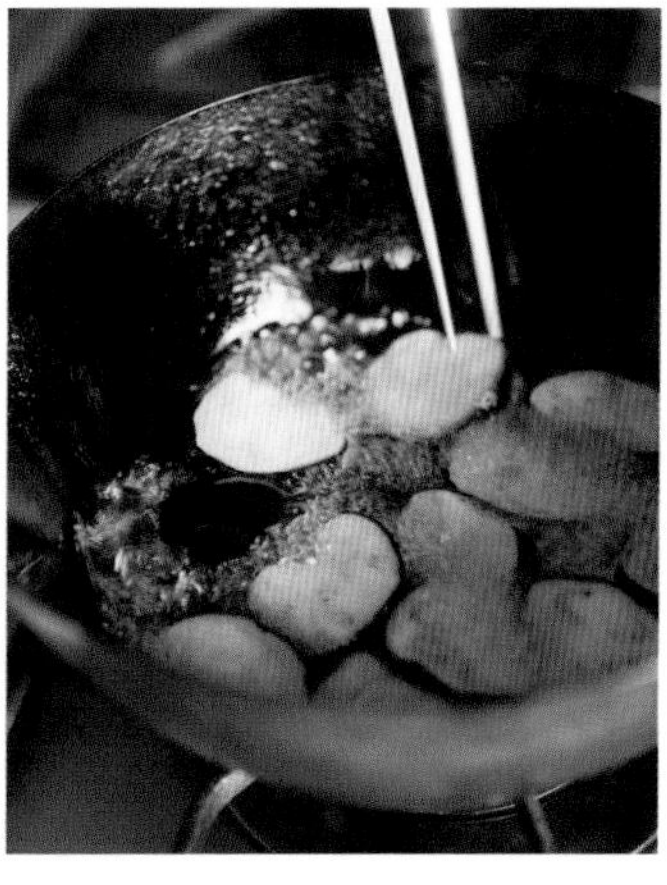

表面がきつね色になるまで
3分ほど揚げて
とろりとさせます。

なすは小さく切ると
炒める時に崩れやすいので、
少し大きめに切ります。

かんたんに味替え

スパイスなべしぎ

できあがったなべしぎ（適量）に豆板醤（少々）を混ぜて器に盛り、あれば五香粉（少々）をふる。

ピーナッツれんこん

ピーナッツバターで
濃厚なコクと複雑な香りを。

材料（2人分）と作り方

れんこん── 正味100g

A ピーナッツバター── 大さじ2
　しょうゆ── 大さじ$\frac{1}{2}$

米酢── 少々

1　れんこんは皮をむいてスライサーで薄い輪切りにし、さっと洗って水気をきる。

2　ボウルに**A**を入れて混ぜる。

3　耐熱容器に**1**を入れ、ふんわりとラップをして電子レンジに2分かける。熱いうちに**2**に入れてよく混ぜ、仕上げに米酢を加えて混ぜる。器に盛り、あれば黒いりごまをふる。

れんこんはレンチンで手軽に。

セロリのつくだ煮

セロリの香りが
後を引くおいしさに。

材料（2〜3人分）と作り方

セロリ— 1〜2本（約100g）

A
- 酒— 大さじ2
- しょうゆ、塩昆布— 各大さじ1
- 砂糖— 大さじ½

セロリは茎、葉を粗く刻む。小鍋にAを入れて中火にかけ、沸いたらセロリを入れる。へらで混ぜながら、しんなりとして煮汁がほぼなくなるまで煮る。

冷蔵で5日保存可

つくだ煮にすると、
セロリは葉まで
おいしく食べきれます。

きゅうりの梅あえ

蛇腹に切ると
高級感が出て、
食感もよくなります。

材料（2人分）と作り方

きゅうり— 1本（100g）

塩— 小さじ¼

練り梅— 小さじ1

きゅうりはヘタを切り落とす。まな板にきゅうりを置いて割り箸ではさみ、包丁で細かく切り込みを入れて蛇腹状に切る。裏面も同様に切る。食べやすく切ってボウルに入れ、塩をまぶして10分ほどおく。出てきた水気をきり、練り梅を加えてあえる。器に盛り、練り梅少々（分量外）をあしらう。

きゅうりの両側に
割り箸を置いて切ると、
失敗しらず。

鶏ごぼう炊き込みごはん

滋味のある野菜と肉のご飯は、
食べすすむごとに元気が出ます。

炊き込みごはん大好きです。私が仕事で家をあける時もよく作ります。家族が食べる時間に炊飯器のタイマーをセットして、あとはお豆腐多めのお汁を用意しておけばおかずいらず。残ったらおにぎりにして、また温めて食べたり。カレーより、みんな喜びます。

おいしい鶏ごぼうごはんの作り方は、ただ具材を先に炒める。これだけです。それだけで全然仕上がりのコクが違うから不思議。あと注意してほしいのは、水分が出る具材の時は水加減を減らす事。大根めしは大根からかなり水分が出るので水分を控えて作ります。あとはきのこ類からも水分が出るので、気をつけて。炊飯器で炊くと、いも類ももっちりとおいしくなりますし、

ほかほかの炊き込みごはんって最高ですよね。

材料（2人分）と作り方

干ししいたけ── 1枚
ごぼう（ささがきにする）── 1/2本（50g）
鶏もも肉（1.5cm大に切る）── 100g
米油── 小さじ1/2
米── 1合
だし汁── 200mℓ
A うす口しょうゆ── 大さじ1
　砂糖── 小さじ1/2
　塩── 小さじ1/4

1　干ししいたけは水につけ、冷蔵庫にひと晩おいて戻す。軸を除き、かさは薄切りにする。戻し汁は大さじ1を取りおく。

2　フライパンに米油を中火で熱し、干ししいたけ、ごぼう、鶏肉を入れてざっと炒め、だし汁100mℓ、**A**、**1**の干ししいたけの戻し汁を加える。沸いたら1～2分煮て火を止める。ボウルにのせたざるに煮汁ごと具をあげ、煮汁と具材をわける。

3　**2**の煮汁にだし汁100mℓを合わせる。

4　鍋*に洗った米、**3**を入れ、**2**の具材をのせて中火にかける。沸いたら箸で米をはがすように鍋底を軽くこすって、ふたをして弱火で10分炊く。火を止めて10分蒸らし、全体をさっくり混ぜる。器に盛り、あれば実山椒（水煮）をちらす。

*炊飯器で普通に炊いてもよい。

うまみたっぷりの
煮汁が
おいしさの決め手。

大根と油揚げの炊き込みごはん

たっぷりの大根が滋味深く
カロリーダウンにも。

材料（2人分）と作り方

大根（細切り）── 正味120g
油揚げ（細切り）── 30g
米── 1合
A｜だし汁── 170mℓ
　｜うす口しょうゆ── 小さじ2
　｜塩── ふたつまみ

1　炊飯器に洗った米、**A**を入れてひと混ぜし、大根、油揚げをのせて炊く。

2　炊きあがったらさっくりと混ぜ、器に盛り、好みで黒七味をふる。

大根から水分が出るので、
水加減は炊飯器の目盛りより
控えめにします。

里芋とたこの炊き込みごはん

淡いピンク色のだしのきいたご飯。
とろっとした里芋がいい。

材料（2人分）と作り方

里芋── 1～2個（正味100g）
ゆでだこ── 50g
米── 1合
A｜水── 200mℓ
　｜酒── 大さじ½
　｜塩── 小さじ½

1　里芋は皮を包丁でこそげ、小さめの一口大に切る。たこは薄切りにする。

2　炊飯器に洗った米、**A**を入れてひと混ぜし、**1**をのせて炊く。

3　炊きあがったらさっくりと混ぜて器に盛り、あれば柚子の皮（すりおろし）をふる。

皮の近くにうまみがあるので、
包丁でそぎ取ります。

洋風ひじきサラダの混ぜごはん

洋風のひじきが新鮮。
箸が止まらないおいしさ。

食卓に海藻のおかずがあるのって嬉しくないですか？　ひじきは各地で愛される優秀食材ですが、京都では「あらめ」をいただくことも多いです。あらめは昆布の種類なのですが、見た目はひじきにそっくり。京都では8のつく日はあらめの炊いたんを食べる日とされています。「にんじんやお揚げさんの端っこを10日に一度整理するってことかなぁ」と思っていたら、末広がりの八の日によい芽が出るようにとのことだそう。黒いつけ汁やゆで汁を玄関先に撒いて掃除するなんて話も聞きます。「何でも使うんやなぁ、あらめの汁って黒いし汚れそうやな」と思っていたら、黒い汁が残らんようにピカピカにする。ということだそう。暮らしを彩る食文化って面白いですね。こちらは、炊いたんばっかりでは飽きてしまうひじきを洋風のサラダにして、残ったものをご飯に混ぜると、ナント！　洋風ずしのできあがり。卵をさっと焼いてのせたら、いいお昼ごはんになりました。あらめでも同じようにできますよ。これも素敵な始末の心です。

洋風ひじきサラダは冷蔵で3日保存可

材料（2人分）と作り方

洋風ひじきサラダ（作りやすい分量）

ひじき（乾物）— 10g

- **A** ミニトマト（4等分に切る）— 4個
- ピーマン（7mm角に切る）— 1個
- 紫玉ねぎ（粗みじん切り）— 少々
- **B** 煮きりみりん（p5参照）、米酢 — 各大さじ1
- 塩 — 小さじ1/4
- **C** 太白ごま油 — 大さじ1
- おろし玉ねぎ — 大さじ1/2
- こしょう — 少々

卵 — 1個
塩 — ひとつまみ
太白ごま油 — 小さじ1/2
温かいご飯 — 200g

1　ひじきはたっぷりの水で戻してざるにあげて洗い、水気をきる。長いものは食べやすく切る。

2　ボウルに**B**を入れて混ぜて塩を溶かし、**C**を加えて混ぜ、**A**とひじきを加えて混ぜ、10分以上おく。

3　ボウルに卵を割りほぐし、塩を加えてよく混ぜる。フライパンに太白ごま油を中火で熱し、卵液を少量落としてジッと音がしたら卵液を入れ、箸で大きくかき混ぜ、半熟状になったらすぐに取り出す。

4　ボウルにご飯、**2**の「洋風ひじきサラダ」を80g、塩ひとつまみ（分量外）を入れて混ぜ、器に盛り、**3**をのせる。

牛しぐれ煮混ぜごはん

常備菜をご飯に混ぜるだけ。
みんなが盛り上がる味。

牛しぐれ煮は冷蔵で3日保存可

材料（2人分）と作り方

牛しぐれ煮（作りやすい分量）
牛こま切れ肉— 180g
しょうが（細切り）— 10g
砂糖、しょうゆ— 各大さじ$1\frac{1}{2}$
温かいご飯— 200g
紅しょうが（せん切り）— 少々

1　牛しぐれ煮を作る。フライパンに食べやすい大きさに切った牛肉、しょうが、砂糖、しょうゆを入れ中火で煮汁がなくなるまで混ぜながら煮る。

2　ボウルにご飯、**1**を50g入れて混ぜ、器に盛り、紅しょうがをのせる。

日持ちさせるために、
汁気はしっかりとばします。

梅しらす混ぜごはん

薬味や梅の香りをきかせて
ご飯をさっぱりと。

材料（2人分）と作り方

梅干し（塩分10%程度のもの）
— 1個
青じそ（せん切り）— 5枚
しらす干し— 20g
温かいご飯— 200g

1　青じそは水にさらして水気をギュッと絞る。梅干しは種をはずし、包丁で叩いてなめらかにする。

2　ボウルにご飯、しらす、**1**を入れて混ぜ、器に盛り、青じそ少々（分量外）をのせ、あれば白いりごまをふる。

青じそは水にさらして
アクを抜きます。

四、ほっとほぐれるみそ汁・スープ

タイトルを見ただけで癒されるみそ汁とスープ。ここでご紹介するスープは簡単な和風のものです。

和食が2013年に世界文化遺産になってから、日本のおだし文化は急激に世界に認められてきました。今では、海外のシェフが昆布やしょうゆを使うのは当たり前とまで言われています。ここに来るまで、京都を中心とした日本の和食界の皆さんがいかに和食のよさを広めるための尽力をしてくださったか、そのエネルギーに本当に頭が下がります。

みんな和食の危機を感じているのです。

家庭でおいしいだしを簡単にとれるのは、海に囲まれて湿度が高く季節の変化に富んだ日本の風土があるからこそ。和食の持つ満足感のある味わいにはだしが欠かせませんし、豊富なだしの素材があるのも、日本の自然がもたらすものだと思います。みそもしょうゆもお酒も、日本が麹かびのできる環境だったから、偶発的にできたもの。それを大事に守ってきたからいただけるお料理ばかりなのです。私たちの体には、おだしのうまみを感じ取るセンサーがついていると思います。なんでも、舌だけでなく、腸にまで味覚があるとか。

自分の心身の健康を守るウェルビーイングな暮らしには、このおだしが欠かせません。体が自然ととのうように、みそ汁・スープで自分の体を癒してあげてください ね。

大根と厚揚げのみそ汁

厚揚げが入ると
おかず感が出ます。

材料（2人分）と作り方

A
- 大根（短冊切り）── 正味120g
- 絹厚揚げ（1cm幅に切る）── 1個（130g）
- だし汁── 400mℓ

大根の葉（小口切り）── 30g
みそ── 約30g

1　鍋にAを入れて中火にかけ、沸いたら火を少し弱めて煮る。大根が煮えたら、大根の葉も加えてさっと煮る。

2　みそこしでみそを溶き入れ、ひと煮立ちしたら火を止める。

煮えばな（煮立ち始め）のみその香りを大切に。

じゃがいもと甘塩鮭のみそ汁

ほろりと溶けたじゃがいもが
みそ汁においしい甘みを。

材料（2人分）と作り方

A
- じゃがいも（7㎜幅の半月切り）
  ─ 1個（正味150g）
- 甘塩鮭─ 1切れ（80g）
- だし汁─ 500㎖

みそ─ 約30g
青ねぎ（斜め切り）─ 1本（30g）

1　鮭は小骨があれば取り除き、半分に切る。

2　鍋に**A**を入れて中火にかける。沸いたら火を少し弱めて煮る。

3　じゃがいもと鮭が煮えたら、みそこしでみそを溶き入れ、青ねぎを加え、ひと煮立ちしたら火を止める。器に盛り、あれば粉唐辛子をふる。

煮崩れたじゃがいもを
ご飯にかけるのもおいしい。

しじみと豆腐のみそ汁

うまみ豊富なしじみには、
昆布だしと赤みそを合わせます。

材料（2人分）と作り方

昆布だし

昆布（3㎝四方）── 1枚
水── 400mℓ

しじみ（殻つき）── 140g
酒── 大さじ2
焼き豆腐── ¼丁（80g）
赤みそ── 約40g

1　昆布だしをとる。昆布を水に3時間ほどつけておき、昆布を取り出す。

2　しじみは塩水（水150mℓに塩小さじ1程度（分量外）を溶かす）に30分以上つけて砂抜きをし、殻を軽くこすりあわせてさっと洗う。焼き豆腐は1.5㎝角に切る。

3　鍋にしじみ、酒を入れてふたをして中火にかける。しじみの殻が開いたら、昆布だし、豆腐を加える。再び沸いたらアクをとり、火を少し弱め、みそこしでみそを溶き入れ、ひと煮立ちしたら火を止める。器に盛り、あれば、粉山椒をふる。

しじみをはじめとする貝類は、
酒蒸ししてから煮ると
身が縮みにくい。

豚ごぼうの白みそ椀

豚バラと白みそで
とびきりの一杯を。

材料（2人分）と作り方

A｜ごぼう（ささがき）— ½本（50g）
｜豚バラ焼き肉用肉（7㎜幅に切る）— 100g
｜だし汁— 400㎖

白みそ— 約50g

1　鍋に**A**を入れて中火にかけ、沸いたらアクをとり、火を少し弱めて2〜3分煮る。

2　みそこしでみそを溶き入れ、ことことと5分ほど煮たら火を止める。器に盛り、あれば、つぶした黒こしょうをふる。

＊白みそは塩分量の差が大きいので、味をみて好みの量を決めてください。

だし汁は沸かして
豚バラのアクを
しっかり取り除きます。

キャベツと卵のみそ汁

しんなりキャベツが
麺のよう。

材料（2人分）と作り方

キャベツ（細切り）— 1枚（正味60g）
だし汁— 400㎖
みそ— 約30g
卵— 2個

1　鍋にだし汁、キャベツを入れて中火にかける。沸いたら火を少し弱め、みそこしでみそを溶き入れる。

2　みそこしやざるなどに卵を割り入れ、余分な白身を落としてから**1**にそっと入れる。卵が好みの加減になったら火を止め、器に盛る。

わかめのおすまし

わかめと上等だしの香りで
ご馳走感のある味に。

上等だし

材料（2人分）と作り方

わかめ（塩蔵）── 15g
しょうが（細切り）── 少々
上等だし（上記参照）── 500mℓ
A｜酒、うす口しょうゆ
　── 各小さじ1
　塩── 小さじ1/4

1　わかめは塩を洗い流し、2分ほど水につけて塩抜きをする。熱湯にわかめをくぐらせ、水にとって水気を絞り、食べやすい長さに切る。

2　鍋に上等だしを入れて中火にかけ、沸いたら、A、わかめ、しょうがを加え、ひと煮立ちしたら火を止める。

おすましのわかめは煮すぎず、
さっと火を入れます。

焼き麸のおすまし

お麩だけで潔く。
お麩からもだしがたっぷり。

材料（作りやすい分量）と作り方

1　鍋に水1ℓ、利尻昆布10gを入れて弱火にかけ、沸かさないように30〜40分煮る。

2　気泡が出てきて煮立つ前に昆布を取り出す。火を強めて沸いたらアクをとり、お玉1杯分程度の水を入れて温度を少し下げ、本枯節のかつお節10gをフワッと入れる。やさしくお箸でひと混ぜして火を止め、30秒ほどおく。厚手のペーパーをしいたざるでこす。かつお節は絞らない。

材料（2人分）と作り方

焼き麩── 2個（乾燥した状態で10〜15g）
上等だし（上記参照）── 400mℓ
A
- 酒── 小さじ1
- うす口しょうゆ── 小さじ1/2
- 塩── 小さじ1/4

1　麩はたっぷりの水につけて戻し、やわらかくなったら水気をギュッと絞る。

2　鍋に上等だしを入れて中火にかけ、沸いたら**A**、麩を入れ、再び沸いたら弱火にして5分ほど煮る。器に盛り、あれば、柚子の皮をあしらう。

このおすましには、
色の白い麩がよく合います。

くずひき豆腐のお椀

とろりとしたつゆに豆腐の
なめらかさが引き立ちます。

材料（2人分）と作り方

絹ごし豆腐── ½丁（200g）
片栗粉── 小さじ2
A 上等だし（p68参照）── 200mℓ
　酒── 小さじ1
　うす口しょうゆ── 小さじ½
　塩── 小さじ¼
おろししょうが── 少々

1　豆腐は1cm幅に切り、ペーパーの上にのせて軽く水気をきる。

2　小鍋にAを入れて中火にかけ、沸いてきたら片栗粉を薄くまぶしつけながら、豆腐を入れる。豆腐が温まってうっすらととろみがついたら火を止める。器にそっと盛り、おろししょうがをのせ、あれば、ぶぶあられをあしらう。

豆腐につけた片栗粉が
ゆるやかなとろみに。

鶏だし温冷や麦

うまみのある鶏だしには、
少し太めの麺を。

材料（1人分）と作り方

鶏もも肉（1cm幅のそぎ切り）── 80g
白ねぎ（斜め薄切り）── ½本（70g）
冷や麦── 80g
上等だし（p68参照）── 400mℓ
A 酒── 小さじ1
うす口しょうゆ── 小さじ2
塩── 小さじ¼

1　鍋に熱湯を沸かし、冷や麦を入れて5分ほどゆで、ざるにあげて冷水で洗って水気をきる。

2　別の鍋に上等だしを入れて中火にかけ、沸いたら**A**を入れ、白ねぎ、鶏肉を入れる。鶏肉に火が通ったら、**1**を加え、冷や麦が温まるまで煮る。器に盛り、あれば、粉唐辛子をふる。

味が薄まらないように、
麺はしっかり水気をきります。

鯛にゅうめん

上品な鯛のだしを
切り身で手軽に。

にゅうめんはおそばとも、おうどんとも違う、だしを啜《すす》る料理だなぁと思います。

お汁の加減も少しずつ違って、おうどんの味つけには私はみりんなどの甘みをまったく入れませんが、おそばはちょっと甘口がいい。にゅうめんはおうどんよりもお汁にうまみがあった方がおいしく感じます。

おうどんには鶏肉やお揚げさんや卵を合わせるのが私の定番ですが、にゅうめんならこんな風に鯛や焼き穴子と合う気がします。料理の組み合わせはルールもなく自由なのですが、何となくそう思います。

にゅうめんは食べている間も、麺がお汁を吸っていきますから、お汁をたっぷりめに盛りつけます。なのに、絶対お汁を残さず飲んでしまうんですから、本当に自分のだし好きに我ながら呆れます。鯛はよいおだしが出る上に、色もきれいなので嬉しい気持ちになりますね。柑橘をちょっと搾るとさらにおいしさアップ。大人の食べ物って感じがまた好きなんですよ。

材料（1人分）と作り方

鯛（切り身）── 30〜50g
塩── 少々
そうめん── 1束
上等だし（p68参照）── 300mℓ

A
- 酒── 小さじ1
- うす口しょうゆ── 小さじ1/2
- 塩── 小さじ1/4

1　鯛は1cm幅に切り、塩を軽くふって5分ほどおく。

2　そうめんを耐熱容器に入れ、熱湯をたっぷり注いで箸でほぐし、ラップはせずに電子レンジに2分30秒かけ、ざるにあげて冷水で洗って水気をきる。

3　鍋に上等だしを入れて中火にかけ、沸いたら**A**、鯛を入れ、再び水気をギュッと絞った**2**を入れる。そうめんが温まったら火を止め、器に盛り、あれば柚子をのせる。

1人分のそうめんは
電子レンジを使うと時短に。

五、卵・豆腐加工品でやさしくたんぱく質を

キターッ！　卵に豆腐にお揚げさん。絶対、毎日食べてます。

この物価高騰の折、卵はちょっと上がりましたが、お豆腐などの大豆食品関連は本当にお値段据え置き。なんてすごいんだ。と思います。

最近のマイブームは、ちょっと上等の厚揚げやお揚げさんを買うこと。普段のお安めのものもありがたいですが、プチ贅沢でそのあたりをグレードアップすると、満足感がやはり違います。

私は厚揚げのことを「やさしいお肉」と呼んでいます。お財布にも環境にも体にもやさしいという意味です。多分、凄まじい企業努力が行われていると想像しますが、その心意気に感謝しかありません。豆腐やお揚げさんは国産と思っておられるかもしれませんが、原料の大豆はアメリカをはじめとする海外のものがほとんど。私たちのために遠い海を渡ってきてくれたと思うと、何だか申し訳ないくらいです。だからこそありがたく、大切に、おいしく料理してあげたいなと。まぁ、ほぼ毎日使う食材だから慣れていると言えば慣れている。その反面、その使い方に料理のセンスが表れます。

なんてことない料理、さっとさりげなく出てくる料理がおいしいと、生活のクオリティが上がります。お安い食材だからこそ、ちょっと気持ちを前向きにして料理するだけでいい。どうして今日は上手くいったのか、なぜ今回は上手くいかなかったのか、少し意識してみる。そして小さな改善をくり返すことで料理が上手になっていくのです。

かきたまスープ

シンプルを極めたスープが
体にしみ入ります。

材料（2〜3人分）と作り方

チキンスープ（下記参照）── 500mℓ
塩── 小さじ½
卵── 2個

鍋にチキンスープを入れ、塩で味をととのえて中火にかける。沸いたら溶いた卵を回し入れ、卵がふんわりとしたら火を止める。器に盛り、あれば、つぶした黒こしょうをふる。

＊市販のチキンスープでも代用可。
その場合は味見して塩分を加減してください。

チキンスープのとり方

材料（作りやすい分量）と作り方

1　鍋に鶏もも肉1枚（250〜300g）、水（700mℓ）を入れて中火にかける。

2　沸いたらアクをとり、ふたを少しずらしてのせ、弱めの中火で20分煮て火を止める。

＊できあがり量は約500mℓ。だしをとった鶏肉は、サラダやサンドイッチの具にしても。

湯葉たま丼

熱々とろり、ふんわりしたあんで
ご飯がするり。

材料（1人分）と作り方

生湯葉— 20g

A｜だし汁— 200mℓ
｜うす口しょうゆ、片栗粉— 各大さじ1

卵— 1個

温かいご飯— 適量

1　湯葉は1cm幅に切って手でほぐす。

2　小鍋に**A**を入れてへらで混ぜて片栗粉を溶かし、中火にかける。絶えず混ぜ、とろみがついてきたら**1**を入れ、沸いたらよく溶いた卵を回し入れ、ざっと混ぜてすぐに火を止め、半熟に仕上げる。

3　器にご飯を盛り、**2**をたっぷりとかけ、好みでわさびをあしらう。

溶き卵は入れたら、混ぜすぎない。
一呼吸おいてから
1回さっくり混ぜて、ふんわりと。

じゅわっとだし巻き

だし巻きをすぐ食べるなら、
おだしあふれる、この作り方。

材料（卵焼き器1本分）と作り方

卵── 3個

A | だし汁── 90mℓ
みりん、うす口しょうゆ
── 各小さじ1

太白ごま油── 適量

大根おろし、しょうゆ── 各適量

1　ボウルに卵を割り入れて白身を切るように混ぜ、**A**を加えて混ぜる。

2　卵焼き器に太白ごま油を入れて中火にかけ、**1**を少量落とし、ジッと音がしたらひと巻き分（1/6〜1/5程度）を流し入れる。全体に卵液が行き渡り、半熟状になったら端からくるくると巻いていく。

3　太白ごま油少々を足しながら**2**をくり返し、だし巻き卵を作る。器に盛り、大根おろしを添え、しょうゆをかける。

だし巻き卵は
流した卵がかたまり始めたら、
手早く巻くのがコツ。

ピリ辛オイスター厚揚げ

しっかりとしたピリ辛味に
絹揚げのおいしさ一層。

材料（2人分）と作り方

絹厚揚げ── 2個（約260g）
ごま油── 小さじ½
豆板醤── 小さじ⅛
オイスターソース── 大さじ1
細ねぎ（小口切り）── 少々

1　厚揚げは一口大に切る。

2　フライパンに厚揚げを入れて中火にかけ、面を返しながら全体に焼き色をつける。ごま油、豆板醤を入れて炒め、オイスターソースを加えて全体にからめて火を止める。器に盛り、細ねぎをふる。

厚揚げをしっかり
焼きつけてから、
調味料をからめます。

厚揚げひろうす

お店風の味がかんたんに。
揚げたてに
塩をふって食べても。

ひろうす（がんもどき）を手作りするって聞いただけで「堪忍《かんにん》っ！」ってなりませんか？　私もそう。よっぽどでないと作らない料理。豆腐を水切りして山芋をすりおろして、すり鉢であたって……恐ろしや〜。「おいしいのはわかっているけど……」と尻込みするする。情けない料理研究家です。

でも、厚揚げを使うことで、重荷なあの豆腐の水切りから解放され、長芋を使うことで軽やかな仕上がりのひろうすができました。ご馳走にする時はここに銀杏やきくらげを入れると素敵ですが、普段のおかずには桜えびと青のりだけで十分。今ではホイホイッと作っています。そして味のまとめはあんかけ。これさえあればどんな料理もおいしくなる。飽きたらあんかけを甘酢に仕立ててごま油をたらり。そんな〝味変〟もおすすめですよ。今夜作ろっと。

材料（3〜4人分）と作り方

絹厚揚げ── 1個（130g）
長芋── 100g
A 片栗粉、小麦粉── 各大さじ2
桜えび（乾物）── 大さじ1
塩── 小さじ$\frac{1}{4}$
青のり── 適量
B だし汁── 300mℓ
片栗粉── 大さじ1$\frac{1}{2}$
うす口しょうゆ── 小さじ2
米油── 適量
おろししょうが、桜えび（乾物）── 各少々

1　厚揚げはペーパーに包んで手でしっかり絞る。長芋は皮をむいてすりおろす。

2　ボウルに厚揚げを入れてマッシャーで細かくつぶし、長芋、**A**を加えてよく混ぜる*。

3　小鍋に**B**を入れてへらで混ぜて片栗粉を溶かし、中火にかける。絶えず混ぜてとろみがついてきたら、火を止める。

4　フライパンに米油を170℃に熱し、**2**をスプーンで一口大ずつ落とし入れ、表面がかたまってきたら、箸で転がしながら2〜3分カリッとなるまで揚げ、油をきる。器に盛り、**3**のあんをかけ、しょうが、桜えびをあしらう。

*作り方**2**の生地は、ホットケーキの生地ぐらいのぽってりした状態が目安。かたそうなら、長芋のすりおろしを加えて調整する。

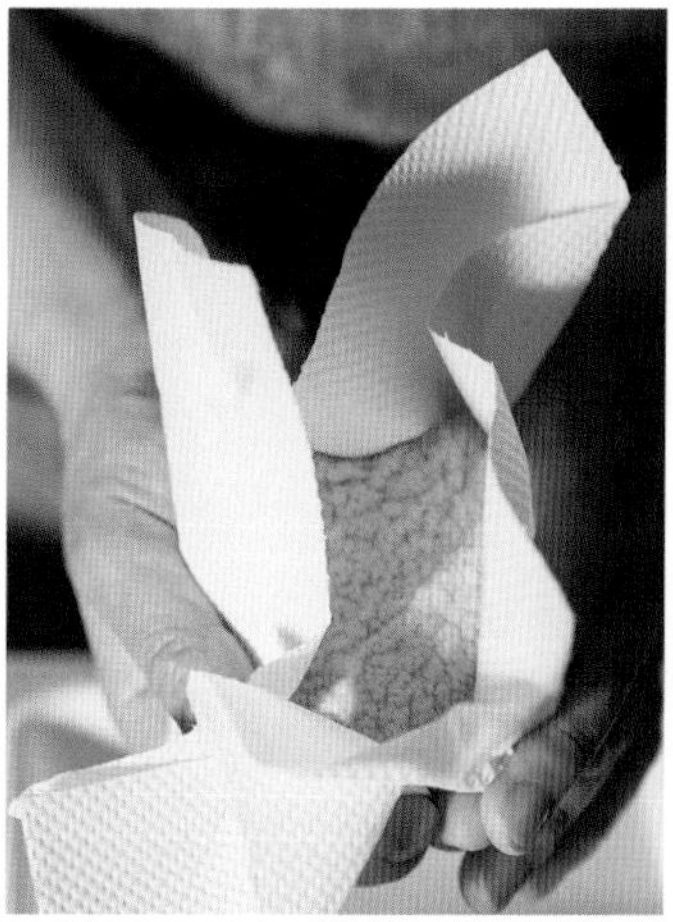

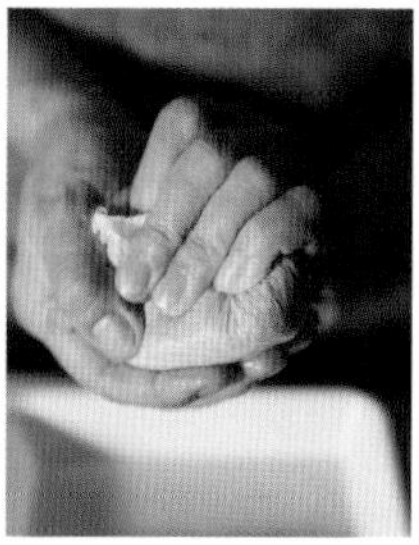

厚揚げで作ると、豆腐より時短。
しっかり絞って油っ気と
水気をきります。

お揚げのうす甘山椒煮

おだしがきいたあっさり味。
いくらでも食べられる。

これね〜。いいんですよ。便利だしおいしいし。きつねうどんにのっている甘いお揚げさん。京都のきつねうどんは「刻み」と「甘きつね」があって、刻みはただ刻んだだけの味のついていないお揚げさんが入ったもの。京都の人はこっちが好きな人が多いです。私もそう。おうどんのお汁が甘くなるのが嫌で、もっぱら「刻み派」なのですが、時々あの甘く煮たお揚げさんが食べたくなる。うちの近所の土曜日しかやっていない湯葉屋さんが揚げ出し豆腐とか、こんなお揚げさんの炊いたんをお惣菜でちょこっと売ってはるんです。普段はあまりお惣菜を買うことのない私ですが、山椒の入ったお揚げさんを見つけて「食べたいなぁ」と購入。それから「こりゃいいわ」と真似して作ってます。

材料（2人分）と作り方

油揚げ — 1〜2枚（160g）

A
- だし汁 — 100mℓ
- みりん — 大さじ2
- うす口しょうゆ — 大さじ1

実山椒（p5参照） — 大さじ1

1 油揚げは大きければ半分に切り、油抜きする。鍋に熱湯を沸かし、油揚げを入れて1分ほどゆでて水気をきる。粗熱がとれたら短冊切りにする。

2 鍋にAを入れて中火にかける。沸いたら油揚げ、実山椒を入れ、オーブン用シートで落としぶたをして火を少し弱め、10分煮る。火を止め、そのまま冷ます。

冷蔵で3日保存可

お揚げと温泉卵丼

温泉卵はレンチンで。黄身をとろりとからめて。

材料（1人分）と作り方

お揚げのうす甘山椒煮、温かいご飯 — 各適量

卵（常温に戻す） — 1個

しょうゆ — 少々

1 卵を小さめの耐熱容器に割り入れ、水大さじ2をかけ、ふんわりとラップをして電子レンジに40秒かけ、温泉卵を作る。

2 器にご飯を盛り、水気をきった温泉卵、お揚げのうす甘山椒煮をのせ、しょうゆをかけ、混ぜながらいただく。

油揚げとねぎの甘辛炒め

肉じゃなくても
これで十分！

材料（2人分）と作り方

白ねぎ— 1本（100g）
油揚げ— 40g
ごま油— 小さじ1
砂糖、しょうゆ— 各大さじ1

1　白ねぎは青い部分ごと1cm幅の斜め切りにする。油揚げは1cm幅の短冊切りにする。

2　フライパンにごま油を中火で熱し、**1**を入れてさっと炒め、白ねぎがしんなりとしたら、砂糖、しょうゆを加えて全体にからめて火を止める。器に盛り、あれば、粉唐辛子をふる。

＊白ねぎが旬の冬に作ると特においしい。

砂糖としょうゆは1：1。
味つけが
ばっちり決まります。

油揚げとキャベツの塩だれ風

パンチのある
香りが大ヒット！

材料（2人分）と作り方

キャベツ（1cm幅に切る）— 2〜3枚（正味150g）
油揚げ（1cm幅の短冊切り）— 40g
えごまの葉（細切り）— 2枚
ごま油— 大さじ½
おろしにんにく— 少々
塩— ふたつまみ
柚子果汁— 小さじ½

1 フライパンにごま油、にんにく、油揚げを入れて中火でさっと炒め、キャベツを加えて炒める。

2 キャベツがしんなりとしてきたら、塩で味をととのえ、えごまの葉を加え、柚子果汁を回し入れ、全体にからめたら、火を止める。器に盛り、好みで黒七味をふる。

＊えごまの葉の代わりに、青じそでも。

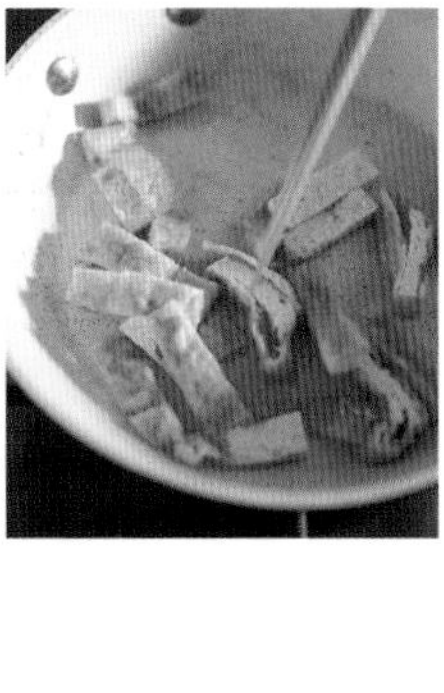

油揚げに
ごま油とにんにくの香りが
新鮮。食欲をそそります。

豆腐チャンプルー

シンプルに作ると豆腐の
味がより引き立つ。

材料（1人分）と作り方
木綿豆腐── $\frac{1}{2}$丁（150g）
つるむらさき*── 1本（30g）
ちくわ── $\frac{1}{2}$～1本（30g）
うす口しょうゆ── 小さじ1
ごま油── 小さじ1

1　豆腐はペーパーに包んで10分ほどおいて水気をきり、1cm幅に切る。つるむらさきは葉と軸に切り分ける。軸はかたい部分は切り落として残りを斜め切りにする。ちくわは小口切りにする。

2　フライパンにごま油を中火で熱し、豆腐を並べて焼く。こんがりと焼けたら上下を返し、つるむらさきの軸、ちくわを加える。豆腐が崩れないように炒め、火が通ったら、つるむらさきの葉を加えてざっと炒め、葉がしんなりとしたらうす口しょうゆを回し入れ、全体にからめて火を止める。

*つるむらさきの代わりに、オクラ、グリーンアスパラガス、ブロッコリーでも。

しっかり焼きつけた
豆腐のうまみが味の決め手。

ミニトマトのざっくり白あえ

すりごまで白あえを手軽に。
少しの酢で味が決まります。

材料（2人分）と作り方

ミニトマト── 8〜10個

白あえ衣

木綿豆腐── 約$\frac{1}{4}$丁（80g）

A 白すりごま── 大さじ2
砂糖、米酢、うす口しょうゆ── 各小さじ1
塩── ひとつまみ

1　豆腐をペーパーで包んでバットなどの重しをのせ、10分以上おいて水気をきる。

2　鍋に熱湯を沸かし、ミニトマトを入れて10秒ほどゆでて冷水にとり、皮をむく。 ボウルに豆腐を入れてマッシャーでつぶし、**A**を加えて混ぜる。

3　器に**2**を盛り合わせる。

＊この白あえ衣は、ゆで野菜（オクラ、ブロッコリー、にんじん、ほうれん草、小松菜、スナップエンドウなど）にもよく合います。

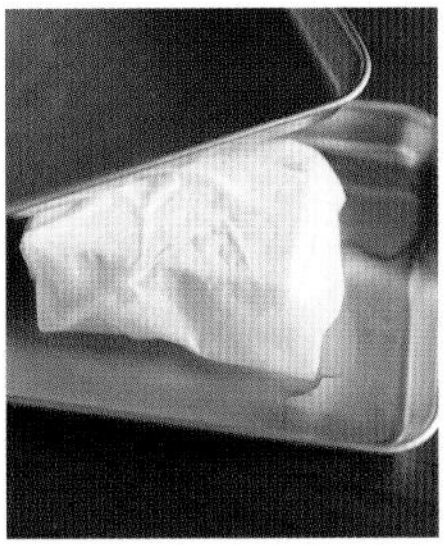

水切りをすることで
味がぼやけません。

しば漬け豆腐丼

なめらかな充填豆腐が、
食感の違う具を
おいしくまとめます。

材料（1人分）と作り方

充填豆腐── 1丁（150g）
しば漬け── 10〜20g
A｜削り節、細ねぎ（小口切り）、
　｜揚げ玉（天かす）── 各適量
しょうゆ、温かいご飯── 各適量

1　しば漬けは粗く刻む。

2　器に盛ったご飯に豆腐をスプーンですくってのせ、**A**と**1**をのせてしょうゆをかけ、混ぜながらいただく。

＊しば漬けはすぐき、野沢菜漬け、高菜漬けなどの好みのものでも。

味の要になるしば漬けは、
酸味がきいたおいしいものを。

レンチン蒸し豆腐

混ぜてレンチンでこのおいしさ！
できたてをぜひ。

材料（1人分）と作り方

A｜鶏ひき肉（もも）— 40g
　｜うす口しょうゆ— 大さじ1
　｜ごま油— 小さじ1
　｜しょうが（みじん切り）
　｜—小さじ¼

絹ごし豆腐— ½丁（200g）
青ねぎ（小口切り）— 少々

Aを耐熱の器に入れてよく混ぜ、豆腐を加える。豆腐がつぶれるぐらいまでよく混ぜたら表面を平らにならし、器の汚れた部分をふき取る。ラップをふんわりとして電子レンジに3分30秒～4分間かけ、青ねぎをのせる。

ひき肉にうす口しょうゆを
きかせておいしく。
調味してから豆腐を混ぜます。

六、おだやかに効く！滋味深い豆料理

大人になってこそわかる味というものの中に、私は豆料理があると思っています。特に女性には豆好きが多い？　なんだか落ちつくんですよね。豆を炊いてる香りからして癒されます。

でも豆料理はなんとなくハードルが高い。時間がかかる？　完成の加減がよくわからない？　どう選べばいいの？　と、悩みが尽きません。そんな中で比較的使いやすいのがレンズ豆。水につけておく必要がなく、煮えるのが早いので、パスタを作るくらいの感覚で手軽に作れます。なのにその満足感と言ったら！

小豆も水つけ不要なので思ったより簡単。小豆は色と香りがご馳走です。ひよこ豆、大豆、白いんげん豆などの水戻しする豆は熱湯につけて戻すと時短になりますし、熱湯で戻してはいけない豆はありません。そして戻した豆をやわらかくなるまで煮るというレシピは共通です。そう考えるとかなりシンプル。

水が足りなければ水を足せばいいし、煮崩れても大丈夫。グダグダの豆のおいしさも家庭ならでは。もっと気楽に豆を楽しんでいただければと思います。「○○分煮る」というレシピに惑わされないようにご注意を。鍋の中の豆の様子をみる。それが大事。レシピを書いてる本人が言ってますので本当です（笑）。

ダルスープ

一瞬、言葉を忘れる
やさしい滋味深い味。

材料（2人分）と作り方

レンズ豆（乾物・皮なし）── ½カップ
玉ねぎ（粗みじん切り）── ¼個（50g）
オリーブオイル── 大さじ½
A | 水── 500mℓ
　| 鶏ガラスープ（顆粒）── 小さじ2
塩、レモン汁── 各少々

1　レンズ豆はざるに入れ、さっと洗って水気をきる。

2　鍋にオリーブオイル、玉ねぎを入れて中火で炒める。玉ねぎがしんなりとしたら、**A**を加える。沸いたら**1**を入れてふたをし、弱めの中火で20分ほど煮る。豆がやわらかくなったら、味をみて塩で味をととのえる。器に盛り、レモン汁をふる。

皮なしのレンズ豆は
下ゆでいらず。

あとは豆が
やわらかくなるまで
煮るだけ。

スパイスダルスープ

クミンパウダーを入れると
たちまちカレー風。
ご飯にかけても。

材料（作りやすい分量）と作り方

ダルスープにターメリックパウダー、クミンパウダー（各適量）を加える。好みでクミン（ホール）をトッピングする。

レンズ豆のタブレ

歯ごたえがある皮つきの
レンズ豆には、酸味をきかせて。

材料（3〜4人分）と作り方

レンズ豆（皮つき・ゆで・下記参照）
—— 100g
トマト—— 小1個（70g）

A | きゅうり—— 1/2本（50g）
紫玉ねぎ—— 30g
ピーマン（赤）—— 1/2個

パクチー（小口切り）—— 10g

B | 塩—— 小さじ2/3
レモン汁—— 大さじ1
オリーブオイル—— 大さじ2

1　トマトは7㎜角に切る。**A**はそれぞれ5㎜角に切る。レンズ豆はさっと洗い、水気をきる。

2　ボウルに**1**、パクチーを入れ、**B**を順に加えてよく混ぜ、冷蔵庫で10分以上おく。器に盛り、あればパクチーの葉を飾る。

レンズ豆の下ゆで

材料（作りやすい分量）と作り方

1　レンズ豆（乾物・皮つき）200gは、ざるに入れてさっと洗って水気をきる。

2　鍋に**1**、水1ℓを入れて中火にかける。沸いたら火を弱め、15分ほど豆がやわらかくなるまでふたをしないで煮る。

ゆで汁につけたまま
冷蔵で3〜4日、冷凍で3週間保存可

使う時は汁気をきる。

サラダやあえものに使う時には、
ゆでたレンズ豆はさっと洗い、
でんぷん質を落とします。

あえ混ぜ和風サラダ

豆の噛みごたえとふんわり
温かい卵の組み合わせが絶妙。

材料（2人分）と作り方

レンズ豆（皮つき・ゆで・p94参照）
— 50g
きゅうり— 1本（100g）
にんじん（せん切り）— 30g
わかめ（塩蔵）— 10g

炒り卵
卵— 1個
塩— ひとつまみ
ごま油— 小さじ1

A〈**混ぜておく**〉
だし汁— 50mℓ
米酢、うす口しょうゆ
— 各大さじ1
砂糖— 小さじ½

1 レンズ豆はさっと洗い、水気をきる。きゅうりはスライサーで薄切りにし、塩ひとつまみ（分量外）をまぶして10分ほどおき、出てきた水気を絞る。わかめは塩を洗い流し、2分ほど水につけて塩抜きをして、熱湯でさっとゆでて水にとって水気を絞り、3cm長さに切る。

2 炒り卵を作る。ボウルに卵を割りほぐし、塩を加えてよく混ぜる。フライパンにごま油を中火で熱し、卵液を流し入れ、箸で混ぜながら、ゆるい炒り卵を作って取り出す。

3 器に**1**、にんじん、**2**を盛り合わせ、**A**をかけて混ぜながらいただく。

ひよこ豆のペースト（フムス）

材料を混ぜるだけ。
ピーナッツバターが絶妙のコク。

材料（2～3人分）と作り方

ひよこ豆（ゆで）── 100g
牛乳── 大さじ2～3
オリーブオイル── 大さじ1
ピーナッツバター── 大さじ½
レモン汁── 小さじ1
おろしにんにく── 少々
塩── ひとつまみ

材料をすべてフードプロセッサーに入れて回し、なめらかにする。器に盛り、好みでシナモンパウダーをふり、好みでパンにつけていただく。

ピーナッツバターで
味の深みとコクを。
なかったら、
白練りごまでも。

ひよこ豆の下ゆで

材料（作りやすい分量）と作り方

1　ひよこ豆1カップは、ざるに入れてさっと洗って水気をきる。

2　鍋に水4～5カップを入れて沸かしたところに**1**を入れてふたをして火を止め、そのまま1時間ほどおく。豆が戻ったら再び中火にかけ、沸いてきたら弱火にし、出てきたアクを時々とりながら、豆がやわらかくなるまで30～50分ほど、ことことと煮る。

＊個体差があるので、時々様子をみながら
皮が破れないように煮る。

ゆで汁につけたまま冷蔵で3～4日、
冷凍で3週間保存可

使う時は汁気をきる。

ひよこ豆とあさりのスープ

少ない材料でこのうまみ。
ひよこ豆の満足感はパスタに匹敵。

材料（2人分）と作り方

ひよこ豆（ゆで・p96参照）— 150g
あさり（殻つき）— 300g
トマト— 1～2個（200g）
A 〈混ぜておく〉
　水— 500mℓ
　片栗粉— 小さじ2
　塩— 小さじ1
B にんにく（みじん切り）— 小さじ1/2
　白ワイン— 大さじ3
　オリーブオイル— 大さじ1
塩— 小さじ1/4
C 水— 100mℓ
　鶏ガラスープ（顆粒）— 小さじ1

1　Aにあさりを30分以上つけて砂抜きをし、殻をこすりあわせて洗う。トマトは1.5cm角に切る。

2　フライパンにあさりとBを入れ、ふたをして中火にかける。あさりの殻が開いてきたら、あさりを取り出す。

3　汁の残った2のフライパンにひよこ豆、トマト、塩を加えて10分ほど煮たら、あさりを戻し入れ、Cを加えて温まるまで煮る。好みでハーブ（ディル）をのせても。

ひよこ豆にトマト、あさり、
にんにくのうまみを吸わせます。

小豆がゆ

1日と15日に小豆を食べる
習慣がある京都ではおなじみ。

材料（2〜3人分）と作り方

小豆（乾物）— 大さじ4
米— ½合
餅（切り目の入ったもの）
— 2個（100g）
塩— 小さじ½

1　小豆はp99を参照して水1カップで下ゆでする。小豆の皮がはじけない程度に煮えたら、火を止めてそのまま冷ます。ボウルにのせたざるに冷ました小豆をあげ、ゆで汁は取りおく。

2　小豆のゆで汁を計量カップに移し、水適量を足して800mℓにする。

3　鍋に洗った米、**2**を入れて中火にかけ、沸いたら箸で米をはがすように鍋底を軽くこすり、ふたを少しずらしてのせ、火を少し弱めてふつふつと20分ほど煮る。小豆と手で割った餅を加え、ふたを少しずらしてのせ、弱火でさらに5分ほど煮て火を止める。塩で味をととのえる。

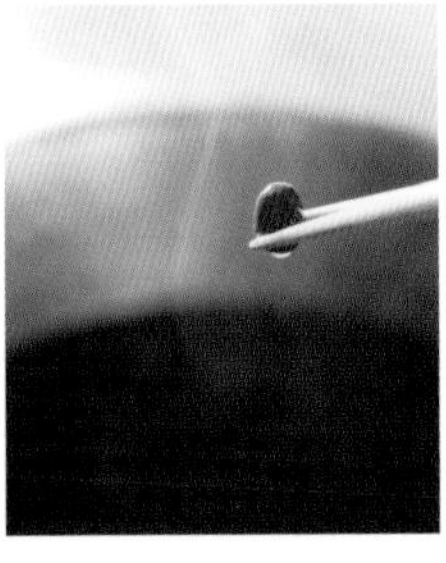

小豆は皮がはじけない程度に下ゆでします。

煮小豆

ほんのりした甘さは
おかずにもなります。

小豆の下ゆで

材料（作りやすい分量）と作り方

1　小豆1カップはざるに入れてさっと洗って水気をきる。

2　鍋に**1**、水4～5カップを入れて中火にかけ、沸いたら5分煮て、ざるにあげて湯を捨て、さっと洗って水気をきる。

3　鍋に小豆を戻し入れ、再び水4～5カップを入れて中火にかける。ふたを少しずらしてのせ、沸いてきたら弱火にし、小豆がやわらかくなるまでことことと20～40分煮る。

＊個体差があるので、時々様子をみながら皮が破れないように煮ます。

材料（4～6人分）と作り方

小豆（ゆで・上記参照）── 全量
砂糖── 大さじ5
うす口しょうゆ── 小さじ1

やわらかくなるまで下ゆでした小豆に砂糖、うす口しょうゆを加えて混ぜ、5分ほど煮て火を止める。

煮小豆は、軽い力で
小豆がすぐつぶれるまで
やわらかくゆでます。

七、からだ思いの新発見！肉料理風

SDG'Sが広く知れ渡るようになり、畜産による環境負荷の問題が表面化してきました。知れば知るほど、お肉を食べる時に罪悪感を感じるようになり、ちょっと肉食を減らしてみたり、代替肉を買ってみたり。当時はこだわってお豆腐の本まで出しました。

おかげさまで年齢的にも肉でないと駄目なわけでもなく、緩いヴィーガンと言いますか、精進のような料理もいいもんだなと思うようになりました。野菜由来の食材を食べると、やはり体がスッキリしますね。それ以降、あれこれやってみましたが、世に出ている代替肉をわざわざ取り寄せて使わなくても、高野豆腐や車麩、大豆やこんにゃくなど、昔からある和の食材を使えば、意外においしい肉料理風のものができるなぁ、と楽しい発見がたくさん。昔からの食材が持つポテンシャルに今更ながら感心しました。

ここでは手間的に負担にならず、味的にも満足感の高いメニューをご紹介しています。和だけでなく洋風のアレンジも秀逸。使いやすいお揚げさんやこんにゃくでも、十分に日々の肉料理風はできますので、面白がってやってみてください。

無理せずラクに、「これでいいかぁ〜」と思えるくらいの料理が一番身近で役に立つと思うので、ご自分の暮らしに合った緩いととのえヴィーガンが見つかれば嬉しいです。

しっとりハンバーグ風

ねちっとした食感と
濃厚なソースが懐かしい味。

大豆・白いんげん豆の下ゆで

材料（作りやすい分量）と作り方

1　豆1カップは、ざるに入れてさっと洗って水気をきる。

2　鍋に水4～5カップを入れて沸かしたところに、**1**の豆を入れてふたをして火を止め、そのまま1時間ほどおく。豆が戻ったら再び中火にかけ、沸いてきたら弱火にし、出てきたアクを時々とりながら、豆がやわらかくなるまで30～50分ほど、ことことと煮る。

＊個体差があるので、時々様子をみながら皮が破れないように煮る。

ゆで汁につけたまま
冷蔵で3～4日、冷凍で3週間保存可

使う時は汁気をきる。

フライドポテトの材料（作りやすい分量）と作り方

1　じゃがいも2個（300g）はラップに包んで耐熱容器にのせ、電子レンジに6分ほど、竹串がスッと通るまでかける。粗熱をとって皮をむき、4等分に切る。

2　フライパンに米油（大さじ3～4）、**1**を入れて中火にかけ、温度が上がってきたら、時々箸で上下を返し、カラッと揚げ焼きにして油をきり、塩（適量）をふる。

材料（2人分）と作り方

大豆（ゆで・左記参照）― 200g
玉ねぎ ― ½個（100g）

A
長芋（すりおろし）― 20g
小麦粉 ― 大さじ3
片栗粉 ― 大さじ1
オイスターソース ― 大さじ½

B〈混ぜておく〉
中濃ソース ― 大さじ3
水、トマトケチャップ ― 各大さじ2
しょうゆ ― 大さじ1
おろしにんにく ― 少々

バター ― 10g
オリーブオイル ― 小さじ2

1　玉ねぎはフードプロセッサーで粗みじん切りにしてボウルに移す。

2　大豆もフードプロセッサーで粗みじん切りにし、**A**とともに**1**に加え、よく混ぜる。

3　フライパンにオリーブオイルを入れて弱めの中火に熱し、**2**を2等分にして形を整えながら入れ、ふたをして焼く。こんがりと焼けたら上下を返してもう片面も焼く。火が通ったら、**B**を加えて全体にからめ、バターを入れて溶かす。器に盛り、フライドポテト、あればフリルレタスなど葉野菜を添える。

大豆は、ひき肉と形状が近い
粗みじん切りに。

大豆はとろろと
粉類でつないで
焼くと、しっとり
ねちっとした食感に。

ミートソース風

大豆と炒めた香味野菜で
うまみたっぷり、
後味軽やか。

材料（2〜3人分）と作り方

大豆（ゆで・p103参照）— 150g

A｜セロリ、玉ねぎ— 各60g
　｜しいたけ— 1〜2枚（30g）
　｜にんじん— 20g
　｜にんにく— 5g

塩、こしょう— 各少々

オリーブオイル— 大さじ3

赤ワイン— 100mℓ

B｜トマトペースト、オリーブオイル— 各大さじ2
　｜砂糖、しょうゆ— 各大さじ1
　｜鶏ガラスープ（顆粒）— 小さじ1
　｜おろしにんにく— 少々

冷凍うどん（稲庭風・細いタイプ）— 2〜3玉

1　**A**はフードプロセッサーにかけてみじん切りにし、鍋に入れる。

2　大豆もフードプロセッサーでみじん切りにする。

3　**1**に塩、こしょうをふり、オリーブオイルを回し入れて中火で炒める。野菜がしんなりとしたら、**2**、赤ワインを加え、沸いたら3分煮る。**B**を加えて時々混ぜながら弱火で5分ほどぽってりとするまで煮る。

4　冷凍うどんを袋の表示通り電子レンジで温めてボウルに入れ、**3**を適量*入れてよく混ぜ、器に盛り、あればセロリの葉を飾る。

*うどん1玉に対してソースの目安はお玉約1杯分（100〜150g）。

香味野菜、しいたけを炒めて
甘み、うまみを引き出します。

いんげんのお焼き

しっとりとやさしい味のお焼き。
マーマレードで
香りの変化を。

材料（2人分）と作り方

白いんげん豆（ゆで・p103参照）── 200g

A
- 玉ねぎ（みじん切り）── 40g
- マヨネーズ── 大さじ1
- 小麦粉── 大さじ3
- 片栗粉── 大さじ1
- 塩── 小さじ1/4
- こしょう── 少々

オリーブオイル── 小さじ2

マーマレードじょうゆ〈混ぜておく〉
- マーマレードジャム── 大さじ1
- 水、しょうゆ── 各小さじ1/2

1　いんげん豆をボウルに入れてマッシャーでつぶし、**A**を加えてスプーンで練る。

2　フライパンにオリーブオイルを中火で熱し、**1**をスプーンで一口大ずつ落としてふたをして焼く。ふんわり焼けたら上下を返し、もう片面も焼く。器に盛り、好みでつぶした黒こしょうをふり、あればピクルスを添え、マーマレードじょうゆをつけていただく。

玉ねぎとマヨネーズを
うまみ足しに。
たねは粉気がなくなるまで練ります。

ちょっと焼き肉

焼き肉?!の満足感を
ローカロリー食材で。

これ、「焼き肉」ではなく「ちょっと焼き肉」なんです。そう、この「ちょっと」が大切なんです。なんぼなんでもこんにゃくがそのまま肉になるはずはありません。そこまで期待されたら困ります。(笑)でもね、肉ではないですけど、まぁまぁイケてるんです、これが。元々こんにゃくが好きなせいかもしれませんが、食べると「おっ。ちょっとおいしいやん」って思っていただけると信じています（すがりつく眼差し）。ぜひ、生こんにゃくでやってみてください。

アク抜き不要のこんにゃくでも、お砂糖でアクを抜くのを忘れずに。この方法を知って以来、ずっとお砂糖でアク抜きしています。めちゃくちゃ便利でおいしいですよ。それ以前は、少しの量でもこんにゃくは下ゆでしていて、「面倒だなぁ」と思っていました。

こんな風にちょっとした手間を、少しずつ便利においしく改善するのも料理の楽しみ。ちょっとウキウキしながら「ちょっと焼き肉」楽しんでます。

材料（2人分）と作り方

こんにゃく── 1枚（約200g）
片栗粉── 大さじ1
A〈混ぜておく〉
しょうゆ、砂糖── 各大さじ1
ごま油── 大さじ½
おろしにんにく── 小さじ¼
粉唐辛子── 少々
ごま油── 大さじ1

1　こんにゃくは薄切りにし、ボウルに砂糖大さじ1（分量外）とともに入れて手でもみ、2分ほどおいてから洗って水気をきる。焼く直前に片栗粉をまぶす。

2　フライパンにごま油を中火で熱し、**1**を入れて両面をしっかりと焼く。**A**を加えてざっと混ぜ、火を止めて器に盛り、あれば貝割れ菜を添える。

こんにゃくの水分が中から出てきて泡状になったら、しっかり焼けた目安。この状態になると味のからみがよくなります。

こんにゃくは砂糖でもんでアク抜きを。浸透圧で水分が出て、ほんのり甘みとコクがつきます。

しょうが焼きのごとし

厚揚げとこんにゃくの
互いのよさが引き立つコンビ。

材料（2人分）と作り方

こんにゃく（白*）— $\frac{1}{2}$枚（100g）
片栗粉— 大さじ$\frac{1}{2}$
絹厚揚げ— 1個（130g）
A｜酒、みりん、うす口しょうゆ— 各大さじ1
おろししょうが— 小さじ1
ごま油— 小さじ2

1　こんにゃくは薄切りにし、ボウルに砂糖大さじ$\frac{1}{2}$（分量外）とともに入れて手でもみ、2分ほどおいてから洗って水気をきる。焼く直前に片栗粉をまぶす。厚揚げは1cm幅に切る。

2　フライパンにごま油を中火で熱し、**1**を並べて両面をこんがりと焼く。**A**を加えて全体を軽く煮つめ、しょうがを加えてざっと混ぜてすぐ火を止める。器に盛り、あれば紅しょうが（5mmの角切り）をちらす。

＊こんにゃくは白がなければ、普通のこんにゃくでも。

しょうがは仕上げに入れてからめるだけ。

これは、から揚げ？

精進素材が下味次第で、肉のような一品に。

材料（2人分）と作り方

高野豆腐（乾物）— 3枚（50g）

A | 水— 50mℓ
うす口しょうゆ— 大さじ1
ごま油— 大さじ½
鶏ガラスープ（顆粒）— 小さじ¼
おろしにんにく— 少々
溶き卵— ½個分

B | 片栗粉、小麦粉— 各大さじ2

しし唐辛子、米油、花椒塩— 各適量

1　高野豆腐はたっぷりの水に浮かすようにつけて中心まで戻す。スポンジを洗う要領でやさしく握って3回ほど水を替えて洗い、水気をしっかり絞る。しし唐辛子はヘタを取り、竹串で数か所刺しておく。

2　ボウルに**A**を入れて混ぜ、高野豆腐を一口大にちぎりながら入れて手でもんでなじませて下味をつける。揚げる直前に**B**をまぶす。

3　フライパンに米油を1cmほどの高さまで入れて中火にかけて170℃に熱し、**2**を入れる。表面がかたまってきたら箸で転がしてカラッと揚げ焼きにして、油をきる。しし唐辛子はさっと素揚げして油をきる。器に盛り合わせて花椒塩をふり、好みですだちを搾る。

高野豆腐は乾物臭さを取るため、
3回ほど水を替えて握り洗いします。

あたかもチンジャオロースー

ピーマンの香り豊かな
これはあり！　の
新定番炒め。

材料（2人分）と作り方

ピーマン（緑・赤、細切り）
　— 計3〜4個（正味100g）
油揚げ（細切り）— 40g
片栗粉— 小さじ1
A | ごま油— 小さじ2
　| にんにく（みじん切り）、しょうが（みじん切り）— 各小さじ½
オイスターソース— 小さじ2

1　油揚げは焼く直前に片栗粉をまぶす。

2　フライパンに**A**を入れて中火で炒める。香りが立ったら、油揚げを入れてさっと焼き、ピーマンを加えて炒める。ピーマンがしんなりとしたら、オイスターソースを回し入れ、30秒ほど炒めて火を止める。

油揚げに片栗粉をまぶすと
肉っぽくなり、
味がよくからみます。

車麩とズッキーニのチャンプルー

噛むほどにおいしい
車麩がクセになる。

材料（2〜3人分）と作り方

車麩（乾物）── 40g

A｜卵── 1個
　｜塩── ひとつまみ

ズッキーニ（緑）── 1本（250g）

塩── 小さじ¼

こしょう── 少々

うす口しょうゆ── 大さじ1

ごま油── 大さじ2

1　車麩は水につけて戻し、やわらかくなったら水気を絞って食べやすい大きさに手でちぎる。ボウルに**A**を入れて混ぜ、車麩を入れてからめ、2〜3分つけておく。

2　ズッキーニは7㎜幅の輪切りにする。

3　フライパンにごま油大さじ1を中火で熱し、**1**を並べて時々上下を返しながら全体をこんがりと焼いて取り出す。

4　**3**のフライパンに**2**を入れ、ごま油大さじ1を回しかけて中火で焼く。しんなりとしてきたら塩、こしょうをふり、車麩を戻し入れ、うす口しょうゆを加えてざっと混ぜて火を止める。器に盛り、好みで粉唐辛子をふる。

戻した車麩は
卵液がしみ込みやすいように
ちぎります。

八、たんぱくチャージに！ささっとおいしい肉・魚料理

何度も申しますように、お肉が嫌いなわけではございません。大好きだからこそ、あっさりした部位をサラリとおいしくいただきたい。そう思っているわけです。

さっとできて、食べやすくて、体の負担にならず、たんぱく質もちゃんととれる。それが理想です。

この章ではいつもとちょっと視点を変えた、おいしい発見があるお肉とお魚のお料理をご紹介しています。お魚はお刺身アレンジで食べやすく。香りのあるものと取り合わせたり、塩をしてさっと焼いたり。簡単なことですが、目先が変わって驚きの仕上がりになります。また、煮魚もおいしいのですが、アクアパッツァにすると野菜もとれて副菜いらず。その上、バランスよく減塩になります。

お肉もパサつきがちなものは、片栗粉使いでしっとりと仕上げます。素材の性質を知っておいしくなるための最小限の手当てをすることが家庭料理。ポイントを押さえれば劇的においしい料理が作れます。大切なことは、お魚は、血のある部分を取り除く。余分な水分を抜くために塩をする。そして水分をふく。お肉は、カットする時は繊維を断つように切る。魚も肉も、余熱のことまで考えて、ふっくらと火を通す。

いずれにせよおいしいものが食べたい！　その気持ちが何より大切ですから、本当に食いしん坊万歳！　ですよ。

鯛の香り丼

手軽にお刺身に香りをきかせて、
体に負担のない
上等なご飯ものに。

材料（1人分）と作り方

鯛（刺身用さく）— 60g

A
- 青じそ（せん切り）— 3枚
- しょうが（粗みじん切り）— 少々
- 焼きのり（手でちぎる）— $\frac{1}{4}$枚
- すだち果汁— 小さじ$\frac{1}{2}$
- 塩— ひとつまみ
- 白いりごま — 少々
- 太白ごま油— 少々

温かいご飯— 適量

みょうが（小口切り）— 少々

1　鯛は薄切りにする。

2　ボウルに**1**、**A**を入れて混ぜる。

3　器にご飯を盛り、**2**をのせ、みょうがをあしらう。

刺身はさくから
切りたてがおいしい。
三徳包丁で気軽に切れます。

かんたんアクアパッツァ

ほろりとほぐれる
魚はふんわり。
野菜もたっぷり食べられます。

材料（2人分）と作り方

うおぜ*（いぼ鯛）― 2尾（240g）
塩― 小さじ¼
トマト― 大½個（120g）
玉ねぎ― ½個（100g）
ピーマン― 1個
オリーブオイル、白ワイン、
　しょうゆ― 各大さじ1
レモン― ½個

1　うおぜは包丁で頭を落として腹の下を斜めに少し切り落とし、内臓を包丁の先でかき出し、手早く腹の中を洗って水気をペーパーでふく。全体に塩をまぶす。

2　トマトは4等分のくし形切りに、玉ねぎは2cm幅のくし形切りに、ピーマンは1.5cm幅の輪切りにして種をとる。

3　フライパンに玉ねぎを並べ、うおぜ、トマト、ピーマンの順にのせ、オリーブオイル、白ワインを回し入れてふたをし、弱めの中火で7〜8分蒸し焼きにする。ふたをはずし、しょうゆを回し入れて全体にからめて火を止める。レモンをたっぷり搾っていただく。

*うおぜはさわらや鯛などでも。

材料に調味料をかけて
ふたをして火にかけるだけ。
焼き魚より簡単。

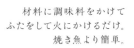

自家製塩サーモン

ふんわりやわらかい、上等な塩鮭。

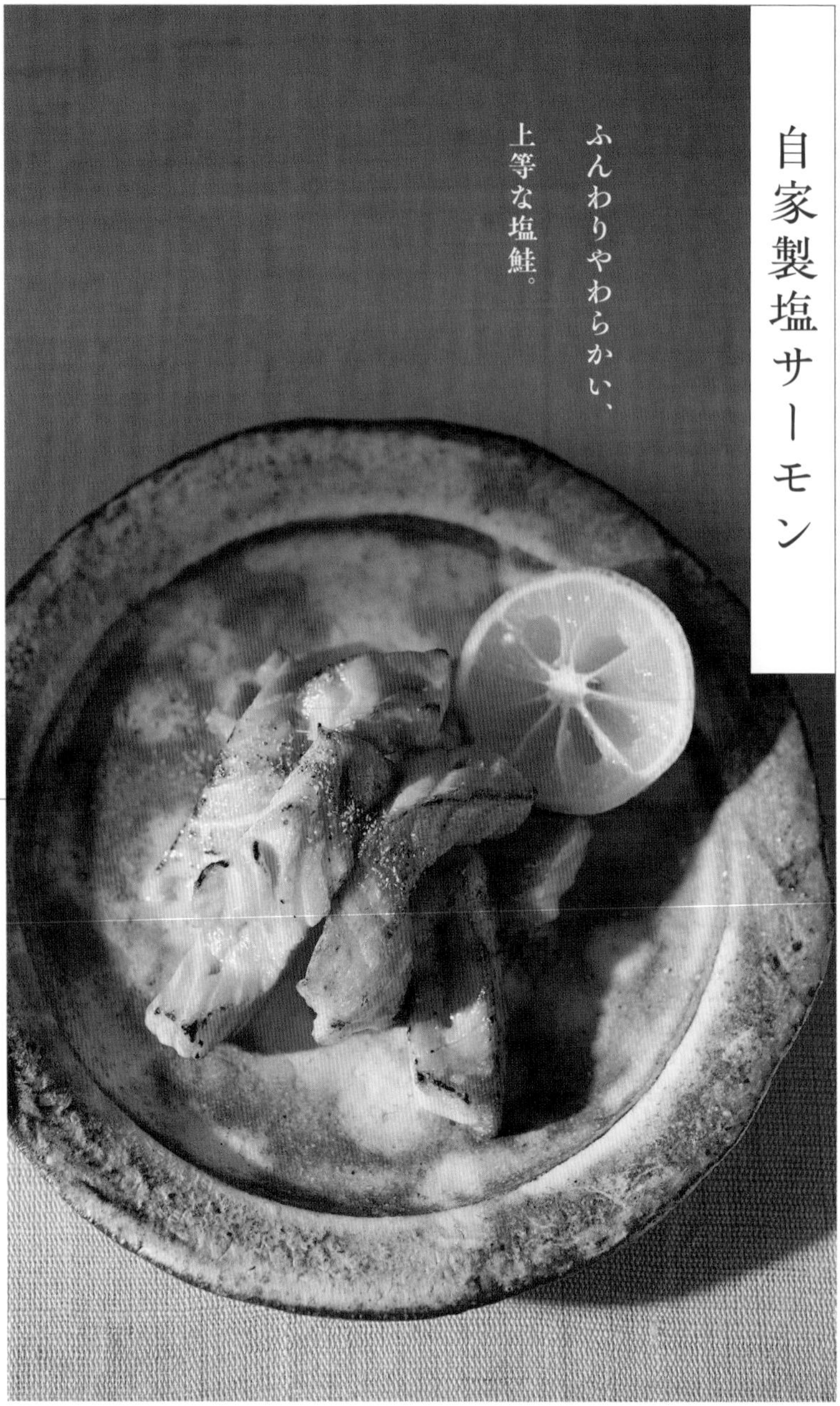

材料（2人分）と作り方

サーモン（刺身用さく）── 130g
塩── 小さじ$\frac{1}{3}$

1　サーモンは全体に塩をまぶし、ラップをして冷蔵庫でひと晩おく。

2　**1**を食べやすく切って金串に刺し、直火で表面をさっとあぶる*。串をはずして器に盛り、あれば柚子を添え、 粉山椒をかける。

*サーモンは切らずに、グリルやフライパンで焼いてもよい。

ひと晩かけて塩を回して、
サーモンのうまみを引き出します。

豚ももの甘辛しょうがだれ

焼くとかたくなりがちな
豚もも肉が感激のやわらかさに。

材料（2人分）と作り方

豚もも肉（かたまり）── 360g
塩、こしょう── 各少々
片栗粉── 大さじ1
A〈混ぜておく〉
　しょうゆ── 大さじ1
　砂糖── 小さじ2
　おろししょうが、白すりごま、
　　米酢、ごま油── 各小さじ1
　おろしにんにく── 少々
ごま油── 小さじ2

1　豚肉は繊維を断つように7㎜幅に切り、塩、こしょうをふる。焼く直前に片栗粉を薄くまぶす。

2　フライパンにごま油を中火で熱し、**1**を入れて焼く。途中上下を返して焼き、火が通ったら、**A**を入れてざっとからめて火を止める。器に盛り、あればせりを添える。

繊維を断つように7㎜幅に切ると、
かたくなりにくい。

軽やか豚しゃぶ

このゆで方で、肉のうまみがのり、
驚きのしっとり感。

豚しゃぶはみんなの定番メニュー。どこのお家でもなさると思いますが、ロースやももの切り落としで作ると、「パサつくなぁ」とお感じの方も多いのでは？　かといってバラ肉や肩ロースでは脂が気になる。そんなお悩みにはもうおさらばです。

ゆでる水に片栗粉と塩を溶いて、それでゆでるだけ。お酒はあってもなくても。

「なんだぁ、そんなことでよかったのか〜」そうなんです。でもコロンブスの卵ではないですが、これを思いつくまでに随分時間がかかりました。きっかけは夏の昼ごはん。そうめんをゆでていて、豚しゃぶも作りたいけど、お湯をいくつも沸かすのが面倒で、そうめんのゆで汁を使い回したら、なんとびっくり「しっとり豚しゃぶができている！」。目から鱗でした。

そして、豚しゃぶも牛しゃぶも絶対水にとらない。水にとると脂の温度が下がっておいしくなくなります。細切りレタスにのせると、レタスに熱がふんわり伝わってほどよくしんなり。またそれがおいしい。軽やかな豚しゃぶです。

材料（2人分）と作り方

豚ロース薄切り肉（しゃぶしゃぶ用）── 200g

A
- 水── 500mℓ
- 酒── 大さじ2
- 片栗粉── 大さじ1
- 塩── 小さじ1

レタス（細切り）、細ねぎ（小口切り）、ポン酢しょうゆ── 各適量

もみじおろし〈混ぜておく〉
- 大根おろし── 適量
- 一味唐辛子── 少々

1　鍋に**A**を入れてへらで混ぜて片栗粉を溶かしてから、中火にかける。絶えず混ぜてふつふつとしてきたら、豚肉を入れて箸でやさしく混ぜ、全体が白くなり、ふんわりと火が通ったら取り出す。

2　レタスをしいた器に、水気をきりながら**1**の豚肉を盛り、もみじおろしをのせ、細ねぎをちらし、ポン酢しょうゆをかけていただく。

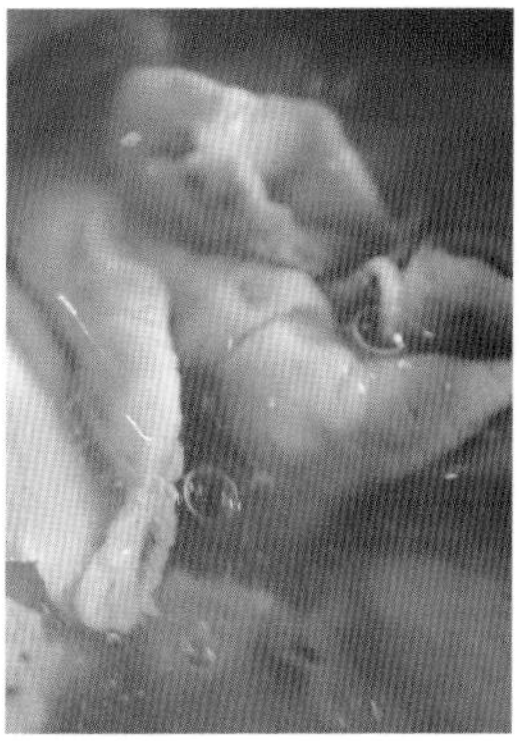

片栗粉で肉がやわらかく。
塩で肉のうまみが引き立ちます。

やわらか赤身ステーキ

コツがわかれば、焼くのは時短。
肉汁あふれる味は単純に元気が出る。

赤身牛肉をおいしく焼くには余熱が大切。お肉の厚さによって時間は多少変わりますが、フライパンの中でカチカチになるまで焼いてはいけません。豚肉や鶏肉と違い、表面をしっかり焼きつけていれば、牛肉は中がピンク色でも大丈夫。赤身肉を上手に焼くコツを覚えると牛肉の楽しみ方がぐんと広がります。一番簡単で一番コツがいるお肉料理。うまくできればあなたも肉名人に認定です！

材料（2人分）と作り方

牛赤身肉（ステーキ用）— 2枚（約250g）
塩、こしょう— 各少々
ピーマン（緑・赤、細切り）— 計3〜4個（正味100g）
A
- おろし玉ねぎ、しょうゆ— 各大さじ1
- 砂糖— 小さじ1
- 米酢 — 小さじ$\frac{1}{2}$
- おろしにんにく— 少々

1 牛肉は全体に塩、こしょうをふる。

2 フライパンを強めの中火で熱し、牛肉を入れて焼く。こんがり焼けたら上下を返し、もう片面も焼けたら、すぐアルミホイルに取り出して包み、5分以上おいて余熱で中まで火を通す。

3 牛肉を焼いたフライパンにピーマンを入れて中火で炒める。途中、水大さじ1〜2（分量外）を加えて炒め、しんなりとしたら取り出す。

4 **3**のフライパンに**A**を入れる。

5 **2**をまな板に取り出し、食べやすく切る。アルミホイルに残った肉汁を**4**に加えて中火にかけ、へらで混ぜてひと煮立ちさせてソースを作る。器にステーキ、ピーマンを盛り、あれば、フレンチマスタードを添え、つぶした黒こしょうをふり、ソースをかけていただく。

やわらかステーキ

失敗知らずの焼き方ポイント

◎牛肉は焼く前に冷蔵庫から出しておく。夏は5分、冬は15分ほど前に出す。

◎肉の厚みによって焼き時間を変える。焼き時間の目安は、厚さ1.5㎝ほどで約4分、厚さ3㎝ほどで5〜6分。しっかり表面を焼きつけて火からはずし、すぐにアルミホイルで包む。牛肉は表面をしっかり焼いて熱を溜め、アルミホイルで包んで余熱で火を通すことでやわらかく。

◎断面がロゼで、切った時にドリップが出ないのが理想の火入れ。

牛玉ねぎ

玉ねぎのとろみが
牛こまにからんで
極上の一品に。

京都人は、パンとコーヒーと牛肉が好き。お正月には、ほとんどのお家がすき焼きを召し上がると思います。でも普段は牛こま切れ一直線。こま切れのうまみをたくさんの野菜に移してカサ増しし、いかに安く牛肉のおいしさを味わうかが勝負です。

京都の有名なお肉屋さんの牛こま切れは、脂の味が甘くておいしいのです。少し使うだけで抜群の効果を発揮してくれるので、いつもそのお店の前にはこま切れを買う方の行列が。並んでいると、前の人もその前の人も、その前の人もこま切れを買っています。「いったいいつ誰があの立派なステーキ肉を買うんやろう……」とずっと不思議に思っています。これ京都の七不思議やないかなと。「いやいや私が知らんだけでお金持ちの人が買わはるんやろなぁ。そやけど、ステーキ肉よりも野菜たっぷりのこま切れの方が絶対おいしいで。ほんま、あんなん食べたら体が重とうなりそうやわ。絶対こっちの方が体ととのうで」と訳のわからん負け惜しみを言いつつ、今日も牛玉ねぎを炊いています。

材料（2人分）と作り方

牛こま切れ肉── 150g
玉ねぎ── 1個（200g）
酒── 大さじ2
砂糖── 大さじ1
しょうゆ── 大さじ2

1 玉ねぎは縦半分に切って1.5cm幅に切る。牛肉は大きければ食べやすく切る。

2 フライパンに酒を入れて中火にかけ、沸いたら牛肉を入れて炒りつける。牛肉の色が半分くらい変わったら、玉ねぎを手でほぐしながら入れ、砂糖、しょうゆを加え、混ぜながら5分ほど炒め煮にする。玉ねぎがしょうゆ色になってしんなりとしたら火を止める。器に盛り、あれば白いりごまをふる。

＊シンプルで使い回しがきく料理。豆腐、糸こんにゃく、ごぼうを入れても。ご飯に混ぜたり、うどんにのせるのもいい。

牛肉は酒炒りすると、
甘みがふんわり広がります。

手羽先で滋味スープとなめらかゆで鶏

煮るだけで2品！　鶏スープと
あっさりなめらかな鶏肉はするりと入る。

手羽先滋味スープ

誰もが好きな
飲みやすい
きれいなうまみ。

材料（2人分）と作り方

鶏手羽先── 8本（400～500g）

水── 800mℓ

たれ〈混ぜておく〉

米酢、コチュジャン、はちみつ── 各小さじ1

しょうゆ── 小さじ$\frac{1}{2}$

1　手羽先は全体に塩小さじ1（分量外）をまぶして5分ほどおき、たっぷりの熱湯をかけて水気をきる。

2　鍋に**1**の手羽先と分量の水を入れて中火にかける。沸いたらアクをとり、ふたを少しずらしてのせて弱めの中火で20分煮る。火を止め、手羽先を取り出す。スープを器に盛り、塩少々（分量外）で味をととのえ、あれば細ねぎ（小口切り）をちらす。手羽先は好みの野菜（きゅうり、えごまの葉）とともに器に盛り、手で身をほぐしながら、たれや塩、粗びき黒こしょうなど、好みのものをつけながらいただく。

手羽先は下処理を。
スープにきれいな
うまみだけが残ります。

20分煮るのがおいしさの秘訣。
手羽先の骨も
するりと抜けます。

鶏むねでジューシー焼きチキンカツ

おいしい下味で
ソースがなくても
大満足。

材料（2人分）と作り方

鶏むね肉── 1枚（300g）

A
- うす口しょうゆ── 小さじ2
- 砂糖── 小さじ2
- にんにく（薄切り）── 2枚

小麦粉、溶き卵、パン粉、米油
── 各適量

1 鶏肉は皮をはずして4等分のそぎ切りにする。ポリ袋にA、鶏肉を入れ、手で軽くもみ、空気を抜きながら袋の口をしばり、冷蔵庫でひと晩おく。

2 鶏肉の汁気を軽くきり、小麦粉、溶き卵、パン粉を順につける。

3 鍋に米油を入れて中火で170℃に熱し、**2**を入れる。表面がかたまってきたら、箸で上下を返しながら3分ほど揚げる。好みの野菜、レモンとともに器に盛り、好みでウスターソースをつけても。

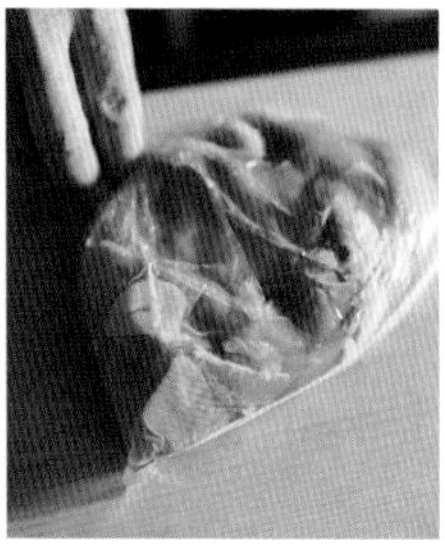

砂糖の保水効果で
揚げてもしっとり。

親子すき焼き

鶏肉のうまみがしみた、とろりと甘い玉ねぎがたまらない。

材料（1人分）と作り方

A｜鶏もも肉— 大$\frac{1}{2}$枚（約180g）
　｜玉ねぎ— $\frac{1}{2}$個（100g）
　｜焼き豆腐— $\frac{1}{2}$丁（160g）

エリンギ— 2〜3本（100g）
砂糖— 大さじ1
うす口しょうゆ— 大さじ2
卵— 1個

1　玉ねぎは横1cm幅の半月切りにする。エリンギは縦4〜6等分に切る。焼き豆腐は食べやすく切る。鶏肉は一口大のそぎ切りにする。

2　鉄鍋に**A**を入れて中火にかけ、砂糖、うす口しょうゆをかける。箸で上下を返しながら、玉ねぎがしんなりするまで煮えたら、エリンギを加えてさっと煮る。真ん中に卵を落とし入れ、好みの加減になったら火を止める。あればせり（食べやすく切る）をのせ、粉山椒をふり、卵をからめながらいただく。

*1人分を鍋にセットして冷蔵庫においておけば、帰ってから火にかけて、熱々がすぐいただける。

常に玉ねぎや鶏肉を
返しながら煮ると
おいしくなります。

大原千鶴

おおはら・ちづる

料理研究家。京都・花春《はなせ》の料理旅館「美山《みやま》荘」が生家。豊かで厳しい自然に囲まれて育ちながら、食材の成り立ちと料理の心得を学ぶ。3児の子育てを行いながら、料理研究家の活動をスタートし、テレビ、出版、講演など幅広いジャンルで活躍。シンプルで作りやすく、作れば確実においしくできるレシピと、明るく親しみやすい人柄で、幅広い年代から支持を得ている。
著書に「大原千鶴のいつくしみ料理帖」（世界文化社）、「冷めてもおいしい和のおかず」（家の光協会）、小社刊に「大原千鶴のお料理ノート 一生使える、基本の味つけ決定版」、「大原千鶴の和食」、「大原千鶴のまいにちおべんとう」等。

大原千鶴の ととのえレシピ

忙しい日も疲れた日も、ラクラクささっと

著　者　大原千鶴
発行者　高橋秀雄
発行所　株式会社 高橋書店
〒170-6014
東京都豊島区東池袋3-1-1　サンシャイン60　14階
TEL 03-5957-7103
ISBN 978-4-471-40891-6

《内容についての問い合わせ先》
書面　〒170-6014
東京都豊島区東池袋3-1-1　サンシャイン60 14階　高橋書店編集部
FAX　03-5957-7079
メール　小社ホームページお問い合わせフォームから
(https://www.takahashishoten.co.jp/)

《不良品についての問い合わせ先》
ページの順序間違い・抜けなど物理的欠陥がございましたら、
電話03-5957-7076へお問い合わせください。
ただし、古書店等で購入・入手された商品の交換には一切応じられません。

アートディレクション、デザイン　天野美保子
写真　邑口京一郎
調理アシスタント　酒井智美
企画・編集　土居有香（株式会社メディエイトKIRI）
プロデュース　高橋インターナショナル